KB176036

모래상자와
연금술사

모래놀이치료 사례 속 그림 이야기

모래상자와 연금술사

모래놀이치료 사례 속 그림 이야기

초판인쇄 2017년 08월 31일
초판발행 2017년 08월 31일

지은이 문채련, 이현주, 이영아
펴낸이 채종준
기 획 이아연
편 집 조은아, 김다미
디자인 홍은표
마케팅 송대호

펴낸곳 한국학술정보(주)
주 소 경기도 파주시 문발동 파주출판문화정보산업단지 513-5
전 화 031-908-3181(대표)
팩 스 031-908-3189
홈페이지 http://ebook.kstudy.com
E-mail 출판사업부 publish@kstudy.com
등 록 제일산-115호(2000. 6. 19)

ISBN 978-89-268-8117-0 93370

책에 대한 더 나은 생각, 끊임없는 고민, 독자를 생각하는 마음으로 보다 좋은 책을 만들어갑니다.

모래상자와
연금술사

모래놀이치료 사례 속 그림 이야기

문채련·이현주·이영아 지음

S a n d p l a y T h e r a p y

들어가며 *

『모래상자와 연금술사』는 『모래상자 이야기』(2010)에 이은 두 번째 모래놀이치료 사례연구이다. 이 책은 많은 사람이 모래놀이를 하면서 작고 다양한 소품들을 이용해 모래상자에 그린 그림 이야기를 풀어나가는 과정을 다루고 있다. 내담자들은 가슴속에 담아둔 슬프고, 행복하고, 숨이 막히게 얽힌 사연들을 모래에 쏟아놓는다. 그들은 신비의 모래 위에서 각각의 매체들을 가지고 무의식의 세계와 이야기 나누며, 말로 다하지 못한 내면을 표현한다. 소품들로 이미지화하여 그린 그림들은 망설이며 주춤거리며 때론 격렬하게 분노를 표현한 많은 이야기로, 때론 재미있는 동화로 소설로 풀어나간다.

어렸을 적 병약하여 놀이를 해보지 못하고 방에만 있던 나에게 모래놀이는 너무도 어울리는 게임이었다. 유치원 원장을 하면서 상처받은 아이들에게 도움이 될 수 있는 무언가를 배워서 그 아이들의 마음을 다독여주고 싶었다. 유아들에게 놀이치료가 가장 좋은 도구인 것 같아 대구 놀이치료학회를 찾았다. 놀이치료를 배우던 중 모래놀이치료학회장인 김보애 수녀를 수퍼바이저로 선택하면서 모래놀이치료를 알게 되었다. 모래와의 만남은 두려움과 신비 그 자체였다. 모래놀이치료사 기본 과정에서 자기분석을 통해 자기를 정화하는 과정에 들어가게 되었다. 청주에서 서울로 가는 버스를 타고 가는 동안 모래상자에 무엇을 놓을까 구상하고 나름 준비를 하고 서울에 도착했다. 수녀님을 만나 연수받는 방에 들어갔다. 수녀님은 자리에 앉으면서 나에게 "모래놀이를 해보시겠습니까?" 하고 미소 지었고, "네"라고 대답한 후 소품들이 있는 장 앞에서 한참을 둘러보았다. 그러고는 그네를 먼저 가져다 놓고, 초등학교 1학년 입학했을 때 학교 울타리에 피어 있던 개나리와 나를 예뻐하며 제일 앞에 나를 세우고, 내 손을 잡아주셨던 선생님을 놓아 초등학교 풍경을 상자 속에 그려놓았다. "다 했어요." 내가 놓은 모래상자의 그림을 보고 나는 깜짝 놀랐다. 버스에서 계획하고 준비했던 장면이 아닌, 한 번도 생각해본 적 없던 초등학교 입학 장면을 놓은 것이다.

책에서 모래놀이는 어린 시절로 퇴행한다는 이론을 읽고 단순하게 '그렇겠구나' 생각만 했던 것이 증명이라도 하는 것처럼 눈앞에 펼쳐져 있는 것이다. 제일 먼저 놓은 그네는 몸이 약하고 겁이 많아 다른 친구들이 그네를 타면서 높이 올라갔다 내려오는 모습을 쪼그리고 앉아 신기하게 쳐다보며 부러워했던 과거의 기억이 무의식에서 모래상자에 놓은 것이다. 그렇다면 '지금이라도 타보고 싶은 것이 아닌가?' 정말 기억 저 밑에 잠자고 있던 상황들, 한 번도 생각조차 하지 않았던 그림에 놀라웠고, 그렇게 신비한 모래와의 만남이 시작되었다. 그 후로 중학교, 고등학교 시절 모습이 저절로 모래상자 위에 그려졌다. 내 고향 인천은 조그만 언덕만 올라가도 바다가 보인다. 고등학교는 언덕 위에 있었다. 점심시간에 학교 담에서 나는 멀리 보이는 바다 저편에서 백마 탄 왕자가 나를 데리러올 것이라며 혼자 먼 바다를 보곤 했던 장면을 유니콘으로 표현했다.

'푸른 바탕의 모래상자, 모래, 물 그리고 소품들은 손과 모래와의 대화로 자연적 매체와 신체의 직접적인 접촉을 통해 이루어진다'는 융의 모래놀이에 대한 견해와 '연금술 용기와 모래상자는 여성의 원리를 기초로 하는 것으로 둘 다 변환이 일어나는 중요한 장소이며, 의식과 무의식이 연결되고 대극의 긴장이 풀어지면서 새로운 이미지로 통합되는 정신적 성숙과 변환이 이루어진다 (Jung, 2007)'는 이론을 공감하게 됐다. 이를 바탕으로 『모래상자와 연금술사』에서는 모래상자를 통해 예술적 창조 행위를 이미지로 만든 작품들을 연금술사적 입장에서 고민하고 심도 있게 다룬다. 또한 내담자가 스스로 선택한 소품에 대한 이미지, 모래상자에 배치된 형태 등을 그림 해석을 통해 접근한다.

이 책을 출간할 수 있도록 사례를 제공해주신 분들과 책이 만들어지는 과정을 지켜보며 격려와 조언을 해주신 분들에게 감사한 마음을 전한다.

2017년 3월 25일 연구실에서

문채련

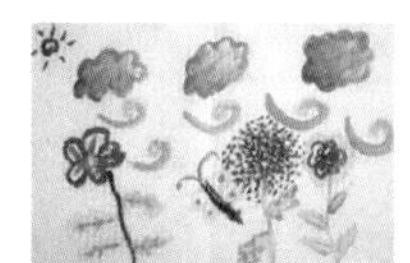

차례

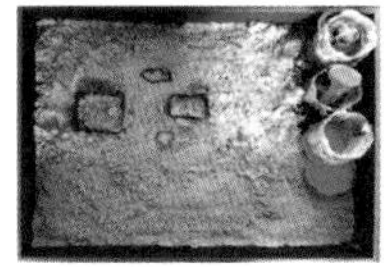

S a n d p l a y T h e r a p y

모래상자 모래놀이치료 사례

제1부

모래상자와 모래놀이

*

1 *

모래상자와 모래놀이

» 모래놀이의 탄생

'모래놀이'는 심리치료와 자기체험의 방법이다(Kalff, 이보섭 역, 2012). 모래놀이치료는 마거릿 로웬펠드(Margaret Lowenfeld)가 1929년 아동심리치료 기법으로 사용한 '세계기법(World Technique)'에서 시작되었다. 로웬펠드를 만났던 많은 임상가들은 그녀의 가르침을 각자의 방식대로 받아들였다. 그중 스웨덴의 에릭 에릭슨(Erik Erikson)과 구드룬 자이츠(Gudrun Seitz), 스위스의 도라 칼프(Dora Kalff) 등이 그녀의 영향을 받은 대표적인 사람들이다. 로웬펠드는 처음에 치료적 기법으로서의 모래놀이에 대해 확신을 갖지 못하고, 그저 발달과정에 있는 아동들에게 가지고 놀 수 있는 모래상자와 장난감을 제공했을 뿐이라고 말하였다(Lois J. Carey, 이정숙 · 고인숙 역, 2002, 재인용).

스위스의 도라 칼프는 로웬펠드의 '세계기법'과 융의 '분석심리학', 그리고 '동양사상'을 접목해 서로 다른 근원을 가지고 있는 이 세 가지 기법을 통합함으로써 모래놀이를 크게 발전시켰다.

칼프도 처음에는 주로 아동 치료에서 많은 효과를 보았고, 나중에는 성인에게도 적용하였다. 성인에게도 비언어적으로 자신을 표현할 수 있는 기회를 주고, 무의식으로의 직접적인 통로를 발견하고 시급한 문제를 긍정적으로 변화시키는 데 상당한 도움을 준다는 것을 알게 되었다. 칼프의 모래놀이에 영향을 끼

친 또 다른 요소는 동양사상과의 만남이다. 그것은 새로운 자극을 주었고, 문화적 차이를 넘어서서 경험의 인류 보편적인 원형적 기반을 모래놀이가 다룰 수 있다는 것을 깨우쳐주었다. 칼프는 선(禪)과 명상을 공식적으로 배울 수 없었지만, 일본 비구(比丘) 선 사찰에 머물 기회를 얻으면서 선사들과 대화할 때마다 모래놀이 방법이 선의 정신과 많은 연관이 있다는 것을 발견한 것으로 만족하였다. 모래놀이는 기술의 외적이고 형식적인 면을 별로 중요시하지 않는다. 그보다는 치료에서 내담자 스스로 치료하는 힘을 일깨우고 지지하는 공간을 만들려는 그녀의 관심사와 관련이 있다. 이것은 선에서도 매우 중요하다. 선에서는 결국에 깨달음은 스승이나 책과 같은 외적인 권위에 있는 것이 아니라, 자기 안의 체험으로만 얻을 수 있다는 것을 강조한다(Kalff, 이보섭 역, 2012).

모래놀이가 탄탄한 이론적 바탕 위에 여러 나라에 정착된 후 칼프는 자신의 연구에 대한 합리성을 얻기위해 독일 융 분석가인 에릭 노이만(Erich Neuaman)의 강연에 참석한 적이 있다. 칼프는 자신이 어린 내담자를 대상으로 하는 모래놀이에서 관찰한 것과 노이만의 이론이 유사하며, 서로 실증적이라는 것을 깨달았다. 그래서 두 사람은 만나자마자 공동연구를 진행하자고 의견을 모으게 된다. 하지만 곧이어 1960년 노이만이 사망했기 때문에 그들의 공동연구는 이루어지지 못했다.

노이만은 아동의 자아발달에서 놀이가 매우 중요하다는 것을 일찌감치 인식하여, 그의 저서 『아동(The Child)』(1973)에서 "놀이의 세계는 아이뿐만 아니라 어른에게도 아주 중요하다. 개인이 간직하고 있는 상징성을 놀이로 실현함으로써 완전한 인간이 되는 것이다"라고 쓰고 있다. 노이만의 심리발달이론은 칼프에 의해 대략 5단계로 분류되어 연구에 인용되었다. 하지만 강조할 점은 이런 단계들이 반드시 순서대로 일어나는 것은 아니며, 오히려 아동을 치료하는 동안 내내 교차적으로 얽히며 일어난다는 것이다.

노이만의 심리발달 5단계를 정리하면 다음과 같다(Lois J. Carey, 이정숙 · 고인숙 역, 2002).

① 혼돈(Chaos)의 단계

분화되지 않은 혼란스런 자아(ego)의 초기 모습을 드러내 보이며, 많은 구성요소가 마구잡이로 관련 없는 것처럼 보인다. 노이만은 이러한 단계를 초기 어머니-아동의 경험으로 연상하였다. 마치 신생아가 자신과 어머니를 구별하지 못하는 것 같은 단계이다. 모래놀이에서는 혼란스럽게 나타난다.

② 동물 · 식물(Aninmal · Vegetable)의 단계

심리적 통합을 향한 단계는 동물과 식물이 나타나는 단계이다. 노이만은 이를 아동이 어머니로부터 분리되기 시작하는 발달단계로 보았으며, 친선단계(rapprochement stage)라고도 부른다. 이때 아동은 대상 영속성(object constancy)이 발달되는 시기이기도 하다. 이러한 상황에서 어떤 유형의 동물을 선택하느냐는 매우 중요한 의미를 지니는데, 아동의 발달단계에 따라 원시적인 동물을 택할 수도 있고, 아니면 친근감을 주는 동물을 선택할 수도 있다. 일반적으로 말이나 소보다는 공룡을 선택하는 것이 더 깊은 공격성을 설명해주고 있다고 말한다.

③ 투쟁(Fighting)의 단계

갈등, 선과 악의 대결 등으로 그려지는 단계이며, 때로는 남자와 여자의 갈등으로 묘사되기도 한다. 이 시기는 거세 불안이나 오이디푸스 콤플렉스, 성 정체성이 문제가 될 수 있다. 초자아(super ego) 발달 초기에 일어날 수 있는 상황들이 나타나는데, 이런 갈등들은 너무도 분명히 나타나기 때문에 쉽게 이해할 수 있다.

④ 자아 · 자기 축(Ego · Self Axis)의 단계

이 시기에 자아(ego)와 자기(self)는 원만한 관계를 보인다. 이는 아동이 자아분화를 완성했다는 것을 알려주는 것으로, 이 단계는 나와 너의 개념을 알고 어머니로부터 인격체로 분화하게 되어, 자아가 완전히 작용하면서 내면에 자아개념을 갖게 된다. 전 단계에서 아동의 자아가 어머니에 속해 있었던 것이 분리를 이루면서 남성과 여성으로 한 쌍의 대응개념을 통합하게 되며, 균형감각을 얻게 된다. 이는 자아와 자기를 의미 있는 방식으로 관련지을 수 있다는 신호이다. 모래놀이에서 이 단계는 균형감과 평온감 등을 보이는데, 흔히 남성과 여성이 쌍으로 마주 보는 것으로 꾸며지기도 한다. 모래놀이 장면 대부분은 영적인 차원을 갖게 되며, 내담자와 치료사 모두 경외감을 갖고 그림을 대하게 된다.

⑤ 집단 적응(Adaptation to the Collective)의 단계

이 시기를 노이만은 일상적인 것을 반영하며, 아동이 외부세계와 관계를 맺을 준비 단계로 보았다. 학교 가기, 친구관계 등 모든 것이 어머니와의 초기 양육관계에서 벗어나 외부로 향하는 세계관을 보여준다. 이런 것들이 모래놀이 장면에서 보이면, 치료사는 아동이 다시 세상으로 나가 건강한 삶을 누릴 준비가 되어 있는 것으로 머지않아 놀이를 종결해도 좋다는 신호로 받아들인다.

» 칼프의 모래놀이치료

칼프(2003)는 노이만(Neumann, 1988)이 상징성 놀이를 통해 온전한 인간이 된다는 주장과 자아발달이론이 모래놀이치료 이론과 유사하다는 점을 인식하였다.

칼프는 4번째 단계인 자아 · 자기 축의 단계를 자기의 배일(constellation of

the self)이라고 불렀다. 그녀는 이것을 치료과정에서 아주 중요한 요소라 생각하고, 자아와 자기가 모래놀이에서 재결합되는 것을 쉽게 찾아볼 수 있도록 증명하기 위해 노력하였다. 그녀는 특히 인간은 태어나면서부터 탄생 충격 등으로 인해 자아 · 자기가 분리되어 훼손 받는 존재라는 이론을 가지고 있었기 때문에, 이 단계는 아주 중요한 발달단계라 생각했다. 자아와 자기가 좋은 관계를 회복하게 될 때, 보다 깊은 치유가 일어나게 된다는 것이다. 칼프는 또한 이것을 자아가 치료적 해석을 받아들이겠다는 신호라 생각하였다. 내담자를 이러한 단계에 도달하게 하려면 치료사는 기본적으로 조용히 진행과정을 지켜보는 태도를 취해야 한다. 칼프는 노이만의 심리발달이론 5단계를 추후 1단계 동물 · 식물의 단계, 2단계 투쟁의 단계, 3단계 집단적응의 단계로 수정하여 모래놀이치료 과정에 적용하였다.

① 1단계 동물 · 식물(The Aninmal · Vegetable Phase)의 단계

단계적 기술로 보면, 의식의 초기 단계를 표현하는 상징의 유형으로 인물이 적고 동물 · 식물을 많이 사용하며, 모든 내담자가 그런 것은 아니지만 의식의 원시세계에 들어가는 것을 상징하고, 경계가 불확실하고 혼돈의 상태와 같을 수 있다. 의식을 위한 새로운 심리발달이 일어날 수 있는 가능성이 포함된다.

모래놀이의 특징적인 것을 보게 되면, 숲과 정글, 동물과 식물이 가득한 원초적 에너지가 가득한 장면이 연출될 수 있다. 자아출현의 동물 · 식물의 단계의 분위기는 조용하고 감상적이다(Turner, 2009).

② 2단계 투쟁(The Fighting Phase)의 단계

2단계의 기술로 보면, 의식이 출현하고 대립을 통해 서로 직면하게 되는 시기로 의식의 발달이 전투의 특징을 지니는 것을 볼 수 있다. 여성성과 남성성,

밝음과 어두움과 같은 대극의 조짐이 나타나게 된다.

이 시기의 특징은 대립하는 팀이 등장하여 전쟁이나 시합, 싸움 등 힘 겨루는 장면이 많이 등장한다. 여아의 경우에는 양육과 보호의 장면이 많이 등장한다.

③ 3단계 집단적응(The Phase Adaptation to the Collective)의 단계

3단계 기술적 측면은 새로운 정신적 산물이 지각되고, 일상생활에 반영되며, 자아가 성취감을 느끼며 집단에 적응하게 되는 단계이다. 자아와 자기가 축을 이루며 점진적으로 통합하면서 한 개인으로 자리매김할 수 있다.

이때는 평범한 일상적인 마음으로 표현할 수 있고, 통합된 모습의 모래작품으로 만다라(mandala)의 형태를 이룰 수 있게 되는 장면이 연출된다.

1950년대에, 칼프는 로웬펠드와 함께 연구하며, 세계기법에 융 이론을 적용하고 '모래놀이(sandplay)'라는 이름을 붙였다. 그녀의 관점에는 동양철학에 관한 연구, 높은 직관력, 오랜 모래상자 사용 경력과 노이만의 발달이론의 영향, 융과 로웬펠드와 함께 했던 연구 등이 반영되었다. 칼프는 모래놀이가 아동에게 원형적인 세계와 개인 내의 세계 모두를 표현할 수 있게 해주며, 아동을 외부 현실과 연결시켜주는 하나의 도구라고 했다. 그녀는 상징놀이가 의식과 무의식 간의 소통을 가져온다고 주장했다. 칼프는 모래놀이가 '치료사가 만든 안전하고 보호된 공간에서 이 모든 차원이 결합됨으로써 조화와 전체성의 이미지가 힘을 받고 자아(ego)와 자기(self) 간의 연결이 증진된다(Mitchell&Friedman, 1994)'고 보았다. 그녀는 이 같은 자아와 자기의 결합으로 아동이 보다 균형 있고 적절하게 기능하는 것을 관찰한 후, 성인에게도 모래놀이를 사용하기 시작했다.

칼프는 다른 국가의 융 치료사와 분석가들에게 강의하여 모래놀이가 사용되도록 이끈 장본인이었다. 세계기법과는 달리, 정신분석학적 모래놀이에서는 치료사와 내담자와 대면한다(De Domenico, 1988). 모래놀이 과정에서 칼프는 젖은 모래상자와 마른 모래상자, 2개의 상자를 사용하였으며, 물과 하늘을 표현하기 위해 상자의 바닥과 측면을 파란색으로 칠하였다. 그리고 내담자가 방해받지 않고 장면을 만들 수 있도록 치료사의 침묵을 강조했으며, 상자 몇 개가 만들어질 때까지 해석을 보류해야 한다고 말했다. 각 장면을 사진으로 찍어 두고 나중에 인지적 지각과 깊숙이 느꼈던 경험을 연관시켜가면서 그 사진을 다시 살펴볼 수 있다(Boik&Good, 2012).

모래상자를 즉각적으로 해석하지 말아야 한다는 것은 위험이 따르기 때문이다. 이 위험은 지적(知的)으로 하는 한 사진의 해석으로 내담자의 무궁무진한 내면의 세계가 고정될 위험이 있다. 다시 말해 모래상자 창조의 흐름, 감정과 느낌이 흘러가는 것을 해석하면 오히려 내담자의 정신 내적 흐름을 고정시키는 위험이 따른다는 것이다. 개인적인 모래상자는 긴 단계를 통한 변형의 정신과정인데, 해석에 의해서 방해를 받고 모래상자가 중단되기도 한다. 치료의 과정에서 치료사는 내담자를 보호하고 지지하는 것이다(김보애, 2006). 칼프의 모래놀이는 융의 상징적 접근을 접목해 널리 사용되고 있으며, 모래놀이는 치료의 보조물로 언어적 · 비언어적 접근을 함께 사용하고 있다.

» 베티 잭슨의 모래놀이 여정

베티 잭슨(Betty Jackson, 2007a)은 모래상자의 이해를 돕기 위해 전체적인 과정을 영웅의 이미지나 영웅의 여정처럼 이야기(story), 즉 캠벨(Campbell)의 『천의 얼굴을 가진 영웅』 이야기를 하였다. 여기서 전형적인 여정의 단계들은 주제, 테마 및 상징에 대하여 명확하게 여행의 목적을 기술하였다. 여정은 심리적, 정신적, 영적인 죽음과 환생의 험난한 과정 속으로 영웅이나 주인공을 끌어들이고, 그 과정들은 모험과 대립, 발견 등을 거치면서 변환을 일으킨다(문채련, 2010).

원형에서 각 단계의 도식은 직선으로 계획하여 이룬 성과보다는 진행되는 단계별 모래놀이 과정의 움직임을 더욱 정확하게 반영할 수 있는 장점이 있다. 원형을 통한 이동은 지속적인 개인화와 의식화 작업이 일생의 삶을 사는 것과 유사하다. 원형의 틀은 '위(above)'와 '아래(below)'의 축으로 이루어지며, 이는 무의식의 세계로 들어가는 깊은 심리적 이해와 일치한다. 원형의 틀의 다른 장점은 대부분 모래놀이 과정에서 발생하였던 갈등, 트라우마 등 어려운 문제들이 원형의 '아래' 단계에서 일어난다는 사실을 시각적으로 반영한다는 것이다. 일반적으로, 대부분 사람은 그들의 정신세계가 무의식으로 향하거나, 상처 또는 트라우마가 있을 때, 모래놀이치료를 받기 시작한다. '아래'는 사이클의 단계에서 가장 깊은 무의식, 안쪽에서의 움직임과 연결되어 있다. 이때 영적인 죽음과 부활을 경험한 후 의식이 돌아오게 되면 사람들은 쉽게 치료를 끝내려는 경향이 있다. 그러나 이 단계에서의 경향성은 깊은 단계이므로 거기에서 반영 대부분의 실제적이고, 변형된 변환이 일어나는 과정이다(Jackson, 2007a).

베티 잭슨의 전형적인 여행의 원형단계는 다음과 같다.

① 요청 들어주기(Hearing the Call)

심리학적으로 '요청 들어주기'는 내면에서 일어나는 무엇인가를 인식하는 순간을 말한다. 생각 또는 충동, 상실, 불안감들이 연관되어 있다. '요청 들어주기'는 보통 치료를 추구하거나 깨달음으로 또는 다른 접근으로부터 치료가 필요할 때 나타나는 단계이다.

② 요청에 답하기(Answering)

요청을 듣게 되면 대답을 할 것인지 안 할 것인지를 결정하게 된다. 요청에 응답한다는 것은 이미지를 만드는 첫 단계를 의미한다. '최초의 상자'(Friedman&Mitchell, 2005)라는 첫 번째 작품은 개인이 직면한 문제와 도전에 대한 통찰력뿐만 아니라 자신의 자원과 장점에 대한 통찰력을 제공한다. 때때로 최초의 상자는 예후의 의식적 또는 무의식적으로 무엇이 필요한지를 지시해준다.

③ 준비하기와 초자연적인 도움받기(Preparation and Receiving Supernatural Aid)

여정을 위해서는 많은 것들이 준비되어야 한다. 심화된 치료 단계에서 치료사와 내담자의 신뢰는 매우 중요하다. 준비하는 과정은 마음을 일깨워 무엇인가를 하는 것을 의미한다. 원형단계의 여행은 내담자의 정화 작업이 먼저 이루어져야 한다. 신화, 전래동화, '오즈의 마법사'에서처럼 어떤 힘에 의해 힘든 여행이 시작되는 것이다. 자신보다 어떤 큰 힘의 도움을 받게 되고, 통과해야 하는 어려운 과정들이 전개되기 때문이다. 이 단계에서는 감정전이의 상징들이 나타난다. 수호자, 마녀, 천사, 보석, 크리스털, 돌 등과 부적의 성격을 나타내는 소품이 등장한다.

④ 문턱 넘어서기(Crossing the Threshold)

한 영역에서 다른 영역으로 넘어가면서 시련의 길을 걷는다. 내면에서 일어나는 충돌들, 양극에서 끌어당기는 과정을 통해 그림자를 직면하게 되고, 자아와 자기가 서로 대치한다. 이 단계는 궁극적으로 자기와 만나는 과정이다. 자기 자신의 작업이 성실하면 할수록 자신의 콤플렉스를 극복하게 된다. 이 시기는 마른 모래에서 젖은 모래로 바꿀 수도 있고, 물속에 들어가는 수영선수, 다이빙하는 사람들, 카누나 보트 등의 행위를 표출시킬 수 있는 소품들을 상자에 놓는다.

⑤ 시련의 과정(Road of Trials)

무의식으로 들어가는 길은 캠벨이 말한 '힘들고 고통스러운' 경험과 일치한다. 대극의 긴장, 분열된 것과 같은 복합적인 문제들이 드러나게 된다. 이 시기의 특징은 주제와 연관이 있는 이미지가 자주 등장하게 되면서 혼란과 무질서, 갈등, 고착된 감정들이 상자에 묘사되기도 한다. 분노와 좌절과 같은 어둡고 무거운 에너지는 이동하면서 전환점으로 향하게 된다. 그것들은 촛불, 보석, 알, 초록의 나무 등에 의해 상징화될 수 있다.

⑥ 영적인 만남(Encounter with the Diving)

전형적인 영적 만남의 경험은 분석적으로 자아와 자기와의 만남이라는 심오한 이정표이며, 진정한 삶을 살기 위한 필요성을 획득하는 필수요건이 된다. 이는 영적인 세계를 경험하게 되면서 회복의 길로 들어가게 됨을 의미하며, 이때 경이로움의 요소들이 등장한다. 이것은 자아와 자기에의 존경, 신비, 경외심을 동반한 진정한 재결합을 말한다. 이 시점에서 자아는 시각적 성과에 대하여 바른 해석이 필요하며, 모래상자의 그림 자체를 형상화하게 된다. 이러한 취약성은 내담자에게 배타적일 수 있고, 치유의 과정에서 자기의 경험이 시각화되어 이미지는 더욱 대칭적이고 만다라의 출현, 촛불, 보석, 신성한 아기의 탄생, 미적, 예술적 감각이 형상화된다. 이때 치료사는 내담자의 창의적 발전을 위하여 '책임감 있는' 안내자로 역전이 현상을 보이며 동일시되어 간다. 이 단계는 신에 대한 뿌리 깊음 또는 흔들림 없는 자기에로의 복귀를 의미한다. 이때 모래놀이를 성급하게 종결하는 경향을 보일 수 있지만, 그것을 최종 단계라고 인지하는 모순된 결정을 하지 않는 것이 중요하다.

⑦ 다시 시련의 과정으로의 전환(Return Road of Trial)

이전 단계의 추진력과 상실감을 동시에 나타내는 좌절과 낙담을 느낄 수 있는 단계이다. 이 단계에서 나타나는 변화는 자기와 자아로부터 나오는 행동 사이의 차이점을 반영한다. 칼프(1988)는 이를 '자아의 상대성'이라고 하였다. 이때 모래놀이 과정에서 흔히 발견되는 한 가지 발전은 복합적인 문제를 통해 보다 효과적으로 작업한다는 것이다. 복합적인 문제와 마주하게 되면서 점차 의식이 깨어난 다음, 이 단계에서는 효과적으로 모래놀이를 진행하게 되고, 콤플렉스와 만나게 된다. 전환 중 두 번째 발전은 다리, 신랑 신부, 커플 및 다른 중요한 사람들이 등장하면서 전형적으로 상징화되는, 상반된 것과의 화해이다. 여기서 모래상자는 통합하는 과정에서 보물의 획득 등의 여정이 계속된다. 자신의 내면에 집중했던 과정들이 가족과 현실에 적응하면서 동화되어간다. 돌아오는 길은 시작보다 덜 어려우나 어려움을 다른 방법으로 극복해야 이겨내고, 동화 속의 주인공은 새로운 과업을 위해 어려운 과정을 극복한다.

⑧ 회귀(Crossing the Return Threshold)

앞 단계에서 무의식으로 들어가는 움직임이 있었다면, 회귀단계는 깊은 무의식의 세계에서 위로 올라가고 밖으로 나오는 자유로운 감정을 묘사하는 이미지를 그려내는 움직임을 보인다. 내담자 대부분은 자아와 연결되어 깊이 있게 순환하는 이 시점을 통해 확신을 갖고 안전하게 종결할 수 있으며, 내면에 단단한 뿌리를 내리게 된다. 이 단계에서 내담자들로부터 이제는 '둥지를 떠나기'에 적합하다는 종결의 말을 듣는 것이 일반적이다. 이 단계의 특징을 보면, 비행과 이륙의 상징, 독수리, 날개 달린 천사, 보트, 발레리나, 춤추는 사람 등의 소품을 내부에서 외부로, 개인적인 것에서 공적인 것으로 옮겨간다.

⑨ 사회로의 복귀(Return to the Community)

모래놀이 원형의 여정에 있어서 마지막 단계인 사회로의 복귀는 내담자의 상처받은 자아, 지배받던 자아가 사라지고 새롭게 자기가 형성되는 과정이다. 이 여정은 개인의 변화는 물론 열려 있는 지역사회에 인간관계를 개선하는 일뿐만 아니라 가족, 친지, 형제들과의 변화된 만남이다. 이러한 상황을 현실에 적용하는 과정에서 치료사는 내담자가 인내로 이겨낼 수 있도록 도와야 하며, 진정한 고통과 어려움에서 자기조절이 가능하도록 도와주어야 한다. 이 단계의 모래놀이 과정은 마을, 농장, 집과 같은 일상의 장면을 표현하는 과정을 통해 창의적으로 판타스틱한 경지에 도달하게 된다. 어린이들은 통합된 상자를 놓거나 만다라와 같은 완성된 작품세계를 열어 변화를 거치면서 여정을 마치게 된다. 성인의 작업에서는 전환, 회기, 복귀 같은 현상이 규칙적으로 나타나지 않을 수 있다. 이것은 성인들은 일상생활을 통하여 배우는 것을 통합시키는 데 실패하기 때문이며, 또한 그들은 종결 후에도 원형의 이 단계에 머무르는 경향이 있기 때문이다. 모래놀이를 자유롭게 허용한 어린이의 작업에서는 이 모든 것들이 잘 드러나고 있는 경우를 많이 볼 수 있다(문채련, 2010).

2 *

칼 구스타프 융과 모래놀이

» 융의 생애

칼 구스타프 융(Carl Gustav Jung)은 1985년 7월 스위스 동북부 투르가우주의 작은 마을에서 목사의 아들로 태어나 1961년 호숫가에서 서거하였다. 융의 집안은 독일의 마인츠 지방 출신인데 융의 할아버지 때부터 스위스에 정착하여 스위스 시민이 되었다. 융의 친할아버지와 외할아버지는 모두 독특한 성격의 소유자로 바벨 지방의 전설적인 인물이었다. 특히 융의 친할아버지는 외과의사이며, 교수로서뿐 아니라 대학행정가로서 낙후된 바젤대학 의학부와 의료원을 개혁하여 크게 발전시켰고, 정신박약아의 양호시설을 짓고 시민병원을 확장하였으며, 정신병원의 설립을 주장하는 등 매우 진취적이며 강직한 사람이었다고 한다.

융의 심성이 지닌 독특함은 이미 어린 시절부터 나타나기 시작했다. 소년기의 가장 주목되는 갈등은 신의 본체에 관한 물음이었다. 개신교 목사관에서 듣고 보고한 것들은 어린 융에게 하나님과 예수님의 인자함과 죽은 이들을 자기 곁으로 데려가는 무서움이 교착된 복합적인 인상을 남겼다.

융은 11세에 바젤시의 김나지움(대학예비고)에 들어갔다. 예수님과의 긍정적인 관계 형성이 점점 어려워지자 자신의 이념에 관심을 가지기 시작하였다고 융은 말했다. '나는 신에게 기도하기 시작했다. 신은 별로 모순이 없는 존재 같았고 그 기도는 나에게 어쨌든 만족감을 주었다. 신은 나의 불신감 때문에 분규를 일으키지 않았다.' 김나지움에 들어간 다음 해 융은 길거리에서 어떤 소년의 습격을 받고 쓰러진 뒤 발작을 하였다. 그것은 꼭 학교에 가야 할 때, 숙제를 끝내야만 할 때 일어났고 그래서 반년 이상이나 학교를 멀리했다. 그 발작은 학교에 가지 않아도 되도록 하는, 이른바 이차 이득을 가진 신경증적 발작으로 융 자신도 당시 그가 자기 자신으로부터 도피하고 있음을 어렴풋이 알고 있었다(김경희 · 이희자, 2005).

노이로제는 결국 자기소외의 징조이다. 융의 경우 그것은 도피를 허용치 않는 자신의 성실함으로서 치유되었다. 그 무렵 어느 날 짙은 안개 속에서 빠져나오듯 '나', 자아의 주체성을 처음으로 인식한 융은 자기 마음속에서 2개의 인격이 존재하는 것을 느꼈다. 이것을 그는 제1호 · 제2호 인격이라 했다.

정신적 대극의 문제는 융의 분석심리학설에서 일찍부터 다루어지고 있다. 자아의 탄생과 심리학적 대극을 융은 청소년기에 자기 안에 있는 두 가지 성향으로 경험했던 것이다. 열두 살의 융은 어느 날 학교에서 나와 바젤 뮌스터 광장에서 성당을 바라보며 생각에 잠겼다. 성당 지붕에 내리쬐는 찬란한 햇볕을 보며 감동하고 교회의 아름다움, 이 모든 것을 창조한 신, 멀리 황금의 왕좌 위에 앉아 있을 신을 생각했다. 16세에서 19세 사이에 융은 자신에 대한 회의와 불만에서 빠져나왔다. 융은 이것을 제1호 인격의 강화, 합리적이고 혁신적이고 지성적인 측면의 강화로 보았다. 그는 피타고라스, 헤라클레스, 플라톤을 좋아했다. 융은 쇼펜하우어와 칸트와의 관계에서 칸트로부터 더 깊은 감명을 받게 되고 칸트의 『순수이성비판』을 통해 쇼펜하우어의 염세적인 세계관보다는 더 큰 깨우침을 받았다고 했다.

융이 21세 때, 아버지의 죽음으로 생계가 더욱 어려워진 융은 대학의 조수보조자, 골동품 상점에서 일하거나 백부로부터 돈을 빌려 공부를 했다. 그런데도 융은 대학시절을 아름다운 시절로 회상하고 있다. 많은 책을 읽고 토론하고 친구를 사귀면서 학생회에 들어 당대의 사상가들을 섭렵했기 때문이다.

융이 프로이트를 접한 것은 '꿈의 해석'에 관한 논문을 소개하면서부터

이다. 융은 프로이트가 인간심리를 사변적인 이론에 의해서가 아니고 스스로 체험을 통하여 진지하게 탐구하는 것을 보고 그 경험론적 태도에 깊은 감명을 받았다. 그는 처음으로 의식 너머 마음의 심층을 과학의 대상으로 삼아 살펴가는 것에 매료되었다. 그러나 자기가 프로이트의 성욕설을 이해 못 하는 것은 경험이 부족한 때문이라고 생각해 프로이트와는 6년 만에 결별하였다.

융은 의식에서 압도해오는 무의식의 환상과 충동을 그대로 살려 쫓아가면서 그 방향을 관찰하고 표현하는 작업을 시작했다. 처음 시작은 돌을 가지고 집을 짓고 마을을 만드는 소년시절의 놀이를 재현하는 것이었다. 밀려드는 환상을 그림으로 그리며 추적하거나 환상을 적극적으로 실체화해서 이야기를 나누는 형식을 취하고 대화를 글로 적어나갔다. 1913년부터 1919년까지 6년간을 어떤 사람은 융의 생애에서 고독한 탐구의 시기였다고 말한다. 이 기간 동안 그의 근원적 유형론이 틀을 잡기 시작한다. 1923년에서 1925년 사이에 융은 이국의 인디언을 답사한다. 그는 여기서 유럽인과의 대화에서 느낄 수 없던 커다란 감흥을 느꼈다. 태고로부터 알려진 그리고 거의 잊힌 것에서 통로를 발견하는 기분이었다고 한다(김경희 · 이희자, 2005). 1928년경부터 융은 유럽의 기독교문명사 가운데서 중세에 꽃을 피웠으나 19세기 이후의 합리주의사조 때문에 학문적으로 거의 돌보지 않고 있던 연금술(鍊金術)에 관한 강의를 시작하고 이 방면의 연구를 심화한다. 그가 찾으려던 것은 최고의 물질을 만들려던 연금술사들의 노력에 반영된 무의식적 과정이었다. 중국학자 리하르트 빌헬름(Richard Wilhelm)과 같이 중국의 연금술이라 할 수 있는 도교의 한 경전에 심리학적 해석을 가한 것도 이 무렵이다. 연금술에 관한 융의 연구는 그의 평생의 과제였다. 융은 중국의 도교를 심리학적으로 해석하면서 연금술사의 노력 속에 개성화(individuation) 과정이 상징적으로으로 표현된다는 사실을 발견하였다.

1944년 『심리학과 연금술』, 1946년 『전이의 심리학』, 그리고 『만년의 대작 융합의 비의(秘儀)』 등 많은 저작을 내놓았다. 1948년 정신요법에 대한 본격적인 수련장을 만들기 위해 C. G. 융 연구소를 스위스 취리히에 설립하고 후진을 양성하기 시작했다. 1961년 86세의 고령으로 영면하기까지 융은 그의 사상에 많은 것을 발표하였다. 융의 사상은 방대하며, 인간정신의 소산이라 할 수 있는 것은 모두 연구의 대상으로 삼았다. 그래서 그의 저서나 논문에는 환자들의 체험 내용뿐 아니라 문학 및 예술 작품, 철학사조, 종교적 현상, 인류학적 자료 등 모든 것이 다루어왔다. 그의 직관은 현재를 넘어 미래와 과거의 시간을 더듬고 있었다(이부영, 2004).

» 융의 모래놀이의 본질

융은 저서나 논문뿐 아니라 모래놀이에서의 영향력은 매우 지대하다. 모래놀이의 본질을 융은 개성화되어가는 과정이라고 말하고 개성화 과정을 연금술에 비교한다. 개성화란 균형을 이루는 것으로 원형의 중재를 통해 이루어진다. 또한 개체가 되는 것, 즉 '본래의 자기가 되는 것'이며, 한 인간으로 보편성을 지니면서도 개별인간으로 고유한 특성을 갖는 것이다. 개성화는 무한한 가능성을 지닌 무의식과 의식을 통합하여 전체성을 실현하는 것이다(이부영, 2005). 개성화는 인간이면 누구나 실험적으로 지닌 과제로, 실현되지 못한 자신의 가능성을 각자의 삶에서 되도록 많이 개발하고 펼치는 것이다. 즉, 자아가 무의식으로부터 전하는 내면의 소리를 이해하여 자신만의 방식으로 실천하는 것이다. 이러한 인격의 성숙은 자아(ego)의 분화와 강화를 기본 전제로 하여 자아가 자기(self)와 축을 이루면서 진정한 자기의 모습을 찾아가는 것이다(신미경, 2013).

융은 인간의 마음을 의식과 무의식으로 보았다. 의식은 내가 알고 있는 세계이며, 내가 가지고 있으면서 내가 아직 모르는 세계가 무의식이다. 의식의 조정자 역할을 하는 것이 자아이고, 자아보다 더 큰 심리적 내용은 자기이다. 자기는 의식과 무의식을 통틀어 우리 정신의 중심핵이다. 자아와 무의식의 대결 목표는 변환이다. 심리적 변환이란 한 개인 안에서 객관적이고 주관적인 변환을 의미한다. 변환은 정지해 있는 것이 아니라 계속해서 일어나는 것으로 '의식'에 이르게 하고, 지금껏 인정되지 못했던 심리적인 필요를 충족시키기 위해 일시적 '퇴행'과 '자존감의 손실'을 포함하는 심리적 전이를 의미한다(Samuels, Shorter&Plaut, 1986). 변환은 무의식의 과정을 풀어가는 것으로 능동적 참여를 온전히 체험하는 것이 중요하다. 이를 통해 자아의식은 점차 성숙하고 의식에 주도적 영향을 미치던 무의식으로부터 거리를 두면서 인격 변화가 일어난다.

삶의 후반기인 성인의 개성화 과정은 지나친 자아의 팽창을 거두어들이고 자아가 무의식의 자기 원형상에 가까워지는 것이다. 즉, 성숙된 자아가 자기와 축을 연결하여 통합을 이루는 것이다. 이 과정은 무의식과 의식의 협력을 통해 어느 정도로는 콤플렉스의 해소, 그림자의 통합 그리고 아니마(anima)와 아니무스(animus)의 긍정적 · 부정적 측면의 차별화를 하고 자기의 재배열 및 자아의 재탄생 경험을 통하여 자기실현의 과정을 이끄는 것이다. 그 목적을 위해 가장 먼저 페르소나와 진정한 나를 구분하는 것이 이루어져야 한다. 이것은 페르소나를 버리라는 것이 아니라 그것의 본질을 의식하는 것이다(이부영, 2004).

융은 놀이치료의 초기 유형들을 만들어냈는데, 이것들은 그의 자서전에서 기억, 꿈, 반영이라고 기술되었다. 프로이트와 헤어진 후 융은 힘들었던 경험을 통합시키는 데 뛰어난 효능을 지닌 놀이기법들을 개발해냈다. 융은 아이처럼 노는 것이 어떤 것인지, 자신이 놀이에서 얻었던 위안에 대해 생각을 거듭한 결과, 갈등을 해결하기 위해서는 갈등을 일으켰던 그 시기로 되돌아갈 방법을 모색해야 한다는 것을 깨달았다. 이를 위해 1912년에 융은 여름철에 지내는 별장이 있는 볼링겐의 호숫가에서 주워 모은 바위와 돌을 가지고 모형 마을을 건축하기 시작했다. 이런 행위는 그에게 환상에 대한 흐름을 인식하게 해주었으며, 이에 대한 자신의 느낌들을 기록해나갔다. 발달단계에 대한 그의 여러 이론과 마찬가지로 이때의 경험이 활발한 상상력을 가진 그의 작업에 직접적인 기여를 하게 된다(Lois J. Carey, 이정숙 · 고인숙 역, 2002).

융은 11세 때, 모래를 쌓고 모래놀이를 했던 것이 성인이 되어서도 자신에게 큰 자산이 되었음을 시사한다. 융이 말하기를 첫 번째, "나는 무의식의 충동으로 나 자신의 의식이 귀속되어 있다." 이 말은 모래놀이의 내담자가 치료과정을 시작하는 것부터 의식적이고 활동적으로 연관되어 있다는 것이다. 이것은 내담자들의 열등감과 무력감을 극복하는 것을 돕기 때문에 훌륭한 가치이다.

두 번째, 융은 "내 안에 모래놀이를 하던 작은 소년이 아직 있다"고 하였다. 이것은 성인은 창조성이 부족하지만 그의 창조적인 삶과 재구성은 아름다운 방법 안에서의 모래놀이에 있어서 활동적인 것을 보았듯이 창조적 삶과 낳아짐의 시작이 모래놀이에 있다는 것이다. 만약에 내담자가 "아이들이 노는 유치한 놀이다"라고 모래놀이를 하지 않을 경우 치료사는 자신이 했던 모래놀이를 떠올리면서 그의 창조성을 예를 들어서 도와주면 내담자들은 모래놀이에 참여할 것이다.

세 번째, 융은 "나의 명료한 사고의 과정 안에서 나는 나 자신의 현재 희미한 느낌을 명확하게 환상을 깨달을 것이다"고 하였다. 이것은 우리가 손으로 하는 방법으로서 구체적인 것을 볼 것이다. 좋거나 나쁜 판타지 또는 막연한 육감과 불안감은 융을 괴롭히는데, 이것은 모래상자 안을 통하여 서서히 명확해지고 선명해진다. 내담자들은 삶 안에서 그들 자신과 대면하게 되고, 무엇이 그들을 어둡게 하는지를 알 것이다. 무엇이 삶을 힘들게 하는 것인지. 그의 삶을 치료사에게 말함으로써 융은 치료사에게 모래놀이치료의 방법이야말로 가장 가치 있는 것임을 알려주었다(김보애, 2006).

3 *

모래와 모래상자

» 모래

모래는 매혹적이고 인간의 마음을 사로잡는 치료적 효과를 가져다주는 기본 매체이다. 모래는 지질 상의 역사를 대표하는 것으로 수백만 년이나 되었다. 모래 해변은 전 세계에 존재한다. 모래는 산에 있는 바위 조각이 바람과 물에 의해 먼 거리를 거쳐 운반되면서 깨지는 과정이 반복되며 만들어졌다. 각각의 알갱이가 퇴적암이 되기도 하고 돌로 딱딱해졌다가 다시 파편이 되기도 한다. 해변에는 무궁한 시간 동안 파손, 침식, 마모 과정을 거쳐 무척추 해양 동물의 껍질과 뼈도 섞여 있다(Mack&Leistikow, 1996).

모래는 미세하고, 희거나 누르스름하거나 갈색이며, 검붉은 색도 있다. 모래상자 안의 흰 모래는 자연의 돌과 조개껍데기 혹은 미니어처가 명백히 구별될 수 있는 깨끗한 중립적 배경을 제공한다. 더 어두운 색의 모래 위에서는 자연 대상물과 미니어처의 색상이 가려져 형상이 시각적으로 덜 뚜렷해진다.

모래는 외적인 힘에 따라 무던하게 변하는 작은 알갱이의 무정형 모임이다. 물과 결합한 모래는 강한 구조를 갖고, 그 표면을 매끄럽게 하거나 질감을 내며, 깊숙이 들어가고, 파묻고 드러내며, 환상적인 물방울 떨어뜨리기(drip-castes)로 만든 레이스 모양의 성을 만들 수 있도록 해준다. 자연에서의 모래는 바다와 땅의 경계이고, 모래놀이치료에서 모래는 기본 요소인 땅(earth)과 어머니(mother)를 상징한다. 또한 모래를 담을 수 있고 영양을 공급하고 흡수할 수 있는 실재는 영구적이고 강력한 토대가 된다(Steinhardt, 2010). 모래놀이에서의 특별한 형상은 모래의 본질로 도출된다. 치료실 안에서 모래놀이는 상징적이고 비언어적이며, 오직 손만을 사용한다. 모래상자에서 모래는 선택되는 것이 아니라 그곳에 존재하는 것으로 모래를 만질 때야 비로소 그 존재가 감지되고 느끼게 된다. 모래는 창조 이전의 무정형이 될 수도 있는 반면, 각 회기를 새롭게 다시 시작할 때마다 상자 안에는 새로운 형상이 창조되는 것을 볼 수 있다. 모래와 물은 모래놀이를 하는 사람들을 어릴 때의 경험으로 퇴행시키는 경향이 있다. 이러한 요소는 자기(self)의 재탄생 과정을 경험하도록 촉진하는 역할을 할 수도 있다. 이것은 마른 모래인지 젖은 모래인지에 따라서도 달라지며, 이에 따라 모양을 만들고 부드러움을 느끼고, 창조적 활동을 하는 데 차이가 난다. 내담자가 다양한 모래를 경험할 수 있도록 다양한 모래를 준비하는 것이 바람직하다(김경희, 2005).

» 모래상자

모래를 담는 상자의 종류와 모양, 크기는 다양하다. 모래상자는 가능하다면 젖은 모래와 마른 모래가 담긴 2개의 상자를 준비하는 것이 좋다. 로웬펠드의 모래상자는 크기가 약 50×76cm에 깊이가 약 3cm의 사각형 모래상자다. 칼프의 모래상자는 보통 나무로 만들었고 상자 안쪽에 얇은 금속판이나 단단한 플라스틱을 덧대었으며 하늘과 물을 본떠 상자 안쪽을 파랗게 칠하였다. 상자의 크기는 57×72cm이고 깊이는 7cm다.

칼프가 이런 특정한 용기를 사용한 데는 여러 가지 이유가 있다. 그녀는 내담자가 한눈에 세계 전체를 볼 수 있어야 한다고 생각했는데, 이렇게 하면 내담자는 자신이 창조한 것을 충분히 이해하고 감상할 수 있기 때문이다. 또한 모래상자는 내담자의 손이 각 모서리에 쉽게 닿을 수 있는 범위 내에 있어야 한다. 이는 내담자가 안전하게 세계를 창조할 수 있는 공간으로 한정하기 위해 의도적으로 크기를 작게 한 것이다. 다양한 크기의 모래상자에 대해 연구한 드 도미니코(De Domenico)도 로웬펠드와 칼프의 주장대로 작은 모래상자가 내담자를 더 집중시킬 수 있고, 세계를 구체화하는 데 도움이 된다는 결론을 내렸다. 아동은 작은 모래상자를 사용했을 때 더 오래 놀이를 했으며, 경험이 반영되는 정신 내적인 세계관을 상징적으로 분명히 표현했다. 반면, 아동이 들어갈 수 있을 만큼 큰 모래상자를 사용했을 때, 아동의 주의력은 감소하고 신체적인 움직임이 증가했으며 다른 놀이 활동의 발생빈도가 증가하였다. 드 도미니코는 효과 면에서 모래상자가 놀이자와의 창조 작업을 유지시키기도 하고 제한하기도 한다고 말했다(Boik&Goodin, 2012).

모래상자의 크기는 칼프에 의해 규격화되었다. 한눈에 전체 내용을 파악할 수 있기에 적당한 크기로 정하였다. 또 그것은 사진 찍기에 적당한 크기이기도 해서, 대부분의 카메라가 한눈에 담기에 적절한 면적이라 할 수 있다. 그리고 모래상자는 내담자의 생각과 사고를 표현하는 상징적 용기이므로 융 이론에 따르는 치료사들은 그 정도의 크기가 정신세계를 펼쳐 보이기에 적절하다고 주장하고 있다. 일부 다른 치료사들은 개인적 지향에 따라 직사각형, 원형, 정사각형, 반원형을 사용하기도 한다(De Domenico, 1988). 상자에 모래는 절반 정도만 채워져 있는 것이 좋으며, 반드시 소독하여 미생물의 서식을 예방해야만 한다. 일부 치료사들은 작은 생물체들이 사는 바닷가의 모래를 사용하기도 하는데 이것은 위생상 바람직하지 않다. 모래는 자연 그대로의 상태를 유지하는 것이 좋다.

1 모래상자

2 갈색 모래상자

3 젖은 모래상자

4 *

모래놀이 치료실과 소품

» 모래놀이 치료실

모래놀이 치료실의 환경은 신비하고 독특한 느낌을 주는 것이 좋으며, 배치방법은 치료실 공간의 크기나 형태에 따라, 그리고 치료사 개인의 취향에 따라 꾸미는 것이 좋다. 모래놀이 치료실은 작은 공간과 비품으로 이루어질 수 있으며, 2개의 모래상자, 소품들, 물통, 건축구조물, 카메라(폴라로이드 카메라도 포함), 작은 테이블, 소품을 진열할 선반으로 되어 있는 장 등을 통해서 치료사와 내담자에게 구체적이고 다양한 아이디어와 가치를 줄 수 있다.

대부분 내담자들은 모래상자 작업 후 물로 그들의 손을 닦기를 원할 수 있다. 이때 종이 타월은 내담자가 손을 말리고 깨끗이 하는 데 유용하게 사용될 수 있다. 물은 모래놀이에서 필수적인 아이템 중 하나이다. 모래를 촉촉하게 만들거나 뒷마무리를 할 때 물이 반드시 필요하다. 딛고 올라설 수 있는 계단 역할의 의자 등도 선반 근처에 두어 내담자가 쉽게 소품들을 찾아 사용할 수 있도록 해야 한다. 2개의 의자가 책상 근처에 있다면, 치료사와 내담자가 치료 세션 동안 앉을 수 있도록 도와주기도 한다.

치료사는 내담자의 진행과정을 기록하기 위해 모래놀이의 세션과 완성된 작품을 기록한다. 또한 완성된 작품은 사진을 두 장 찍는다. 하나는 폴라로이드 사진으로 즉석에서 현상하여 내담자에게 주고, 다른 하나는 일반용 사진으로 회기별 진행상황을 알 수 있는 자료를 제공한다. 모래놀이를 시작하기 전 내담자에게 사진을 찍는 이유와 용도에 관해 설명해주는 것이 필요하다. 치료의 진행과정을 기록하기 위해 사진을 찍는 것이며, 폴라로이드 사진기로 찍은 사진은 치료가 종결될 때 내담자에게 돌려줄 것이고, 일반 사진기로 찍은 사진을 치료실에서 보관할 것이라고 이야기해준다.

모래놀이를 통해서 비일상적인 무의식에 닿는 체험이 많이 나타나는데, 인형이라든가 완구는 무한한 환상의 가능성을 나타내고 있고 모래놀이치료는 그러한 무의식에 닿는 체험이 일상적 현실에 반영되어 나타난다. 그러므로 한 개인이 모래놀이를 할 때 생기는 이 두 가지 측면의 통합은 그 내담자가 많은 내적인 가능성을 받아들이는 것과 외계와의 적응에 필요한 것을 자력으로 몸에 익히도록 조절하게 되는 것이다.

융은 모래상자를 의식과 무의식, 내적인 것과 외적인 것이 교차하는 곳에 생긴 것을 시각적 상으로 포착한 것으로 보고 있다. 상자 안에서 구상성, 직접성, 집약성과 같은 특징을 가지고 있으며, 구상적이며 직접적인 표현은 기쁨, 슬픔 등을 언어로 표현하는 대신에 그러한 인간적 감정들을 상자 안에서 놀이를 통해 구상적으로 표현하는 것이다. 집약성 같은 경우 사람의 마음속에 여러 가지 요소를 집약적인 하나의 작품으로 나타내는 것으로 볼 수 있다. 이러한 상황을 융은 인간 의식의 중심으로 자기와 의식의 장인 자아를 구별할 수 있으나, 모래놀이치료에서 자기란 소위 자기상의 자아와 자기중심에 존재하는 변화하고 성장해가고 있는 자아의 상으로 보는 것이 적절한 것으로 보인다.

4 모래놀이 치료실
5 모래놀이 치료실

» 소품

소품은 단어와 상징 그리고 내담자의 비언어적 의사소통에 관련한 은유라 할 수 있다. 내담자는 바로 이 소품을 이용해 말로 하기에 너무 과도할 수도 있는 감정, 사고, 신념 그리고 욕망을 표현할 수 있다. 또한 모래상자를 사용하는 내담자의 경우에, 소품이 말로 나타내기 힘든 표현을 제공하는 상징과 은유가 되는 것이다. 일반적으로 재료는 말 그대로 소품이어야 한다(Homeyer&Sweeney, 2014).

모래놀이치료에서 소품은 특별히 지정되어 있지는 않지만, 가능하면 많은 종류를 준비한다. 또한 다채로운 표현을 창출할 수 있도록 같은 종류의 소품이라도 다양한 크기와 색깔을 다수 갖추는 것이 좋다(문채련, 2010).

소품을 배치하는 데는 몇 가지 방법이 있다. 먼저 소품은 내담자가 빠르고 쉽게 접근할 수 있도록 범주별로 가지런히 전시하거나 보관해야 한다. 배치를 어떻게 할지는 치료사에게 달려 있다. 로웬펠드(1935)는 장난감 자체가 무언가를 상징해서도 안 되고 선택의 여지가 너무 많아 내담자를 압도시켜서도 안 된다고 믿었다. 그녀는 아동과의 작업에서 아동이 캐비닛 서랍을 완전히 당길 수 있지만 빠지지는 않는 것이 가장 만족스러운 보관 형태라는 것을 알게 되었다. 로웬펠드는 한 서랍이 완전히 닫혀야 다른 서랍이 열리는 것처럼 과잉자극의 가능성을 줄이는 것을 선호했다. 반면, 칼프는 대부분의 융 심리학자들과 마찬가지로 열린 선반을 사용했다. 소품은 놀이 영역 주위의 선반에 잘 보이도록 배치한다. 이러한 배치는 내담자를 소품으로 이끌고 모래놀이를 유도한다. 소품은 천성적으로 사람들의 호기심과 창조성을 활성화한다. 열린 배치는 내담자를 과도하게 자극하지 않고 내담자에게 많은 가능성을 열어준다. 또한 소품을 담을 용기가 몇 개 있는 열린 선반을 사용하게 되면, 작은 공간도 짜임새 있게 활용할 수 있고 시각적인 자극도 적다.

선반의 깊이는 약 10~30cm이고, 너비는 182~243cm가 적당하며, 깊이가 15~20cm 이상이어서는 안 된다. 이처럼 깊이를 제안하는 것은 내담자가 주위의 소품을 덜 방해하면서 소품을 고르다가 다시 바꿀 수 있도록 하기 위해서이다. 배치는 대략 182cm 높이가 적당하다. 아동에게 가장 인기 있는 소품은 아동의 눈높이에 맞춰 낮은 선반에 놓으며, 높은 선반에 손이 닿지 않거나 높이 있는 소품을 볼 수 없는 아동과 내담자를 위해 튼튼한 접이식 의자를 제공한다. 높이 조절을 할 수 있는 선반은 선반 간의 거리를 소품의 크기에 따라 바꿀 수 있어 매우 편리하다.

소품은 일상생활과 상상을 나타낼 수 있는 모든 것들을 분류화시켜 놓는 것이 바람직하다. 꼭 준비해야 할 소품은 다음과 같은 것들이 있다.

- 일반인: 남 · 녀, 노약자, 어린이, 신랑 · 신부, 가족, 등
- 특수 인물: 그리스도, 부처, 마리아상, 천사, 스님, 군인, 경찰, 로봇, 만화주인공 등
- 동물: 선사시대의 동물, 야생동물, 집에서 기르는 동물 등
- 식물: 소나무, 꽃, 분재, 단풍나무, 크리스마스트리, 잎이 있는 나무와 잎이 없는 나무, 살아 있는 나무, 죽은 나무 등
- 교통: 하늘과 육지, 바다의 수송수단, 구급차, 소방차, 군함 등
- 집: 한옥, 양옥, 교회, 성당, 절, 빌딩 등
- 구조물: 집, 다리, 터널, 깃발, 내부 가구, 담, 철책, 울타리, 다리, 우물 등
- 자연 생성물: 물, 돌멩이, 조개, 솔방울, 깃털, 풀 등
- 소품류: 과일, 채소, 볼링, 각종 인형, 보물(보석, 금화, 진주, 유리 방울, 구슬), 관, 묘비, 깃발, 눈사람, 기념물 등
- 무기류: 총, 칼, 탱크, 활, 대포 등
- 기타 소품: 해, 달, 지구, 거울, 유리 공, 촛대, 손전등, 등잔, 향, 전화기, 컴퓨터, TV, 성경, 얼음, 녹음기, 악기들, 의료용품 등

6 소품 1 8 소품 3
7 소품 2 9 소품 4

10

11

10 소품 5 12 소품 7

11 소품 6 13 소품 8

14
15

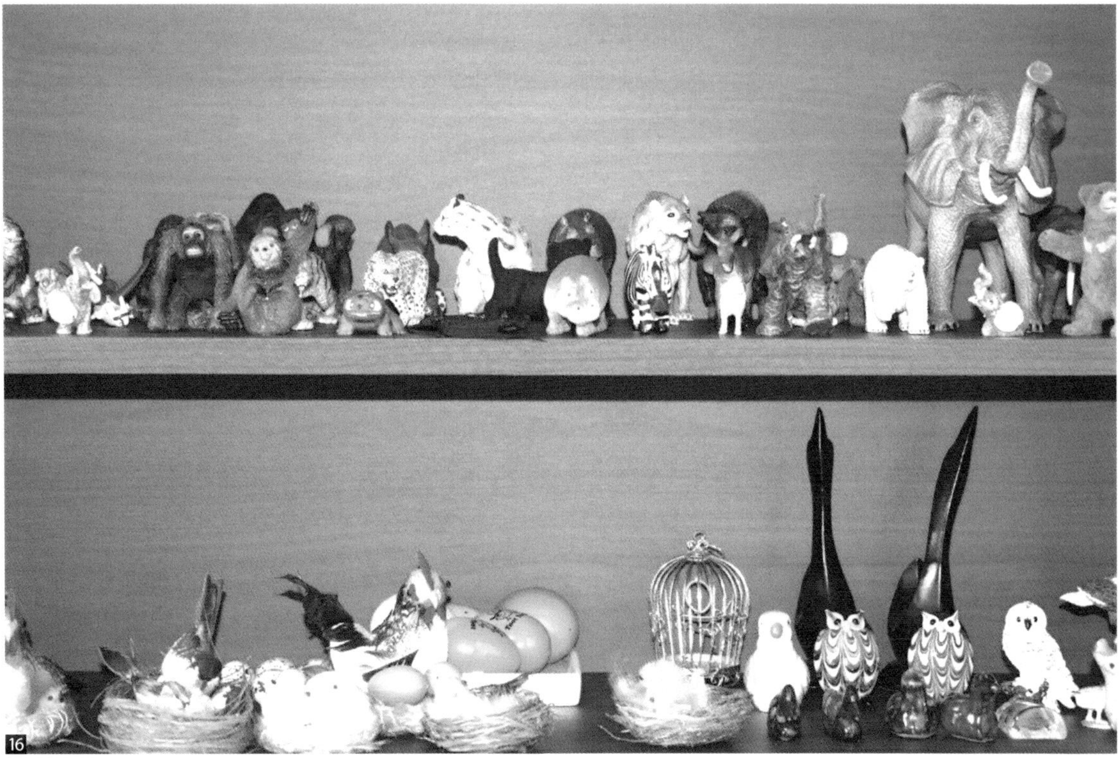
16

17

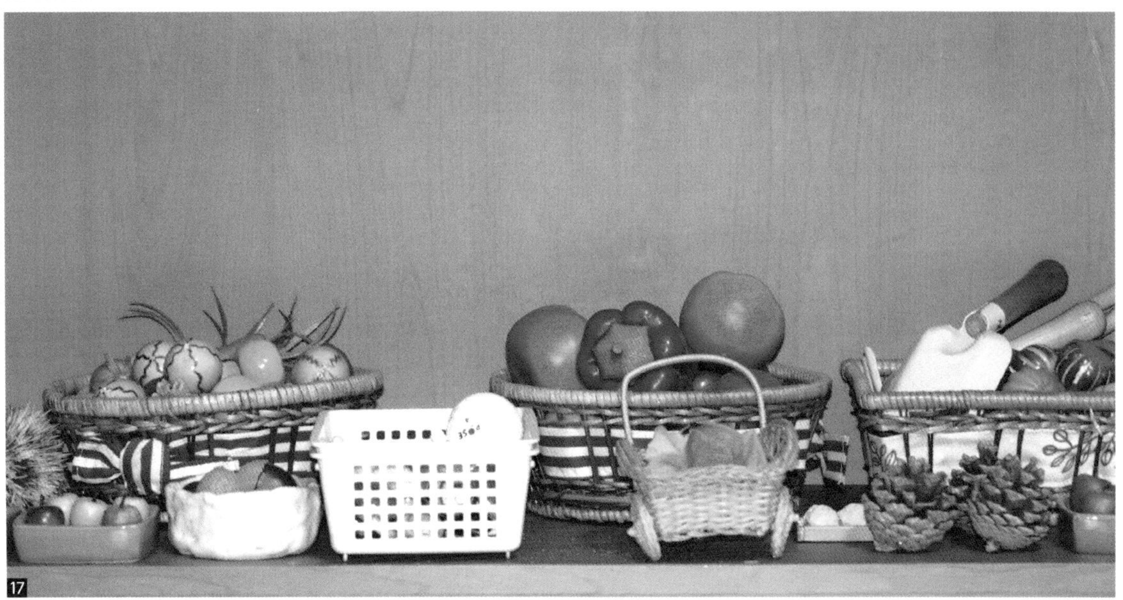

14 소품 9 16 소품 11
15 소품 10 17 소품 12

» 모래놀이 치료실의 소품관리

아동들은 치료가 끝난 후 마음에 있는 소품을 가지고 가기를 원할 수도 있다.

① 아동이 소품을 집에 가져가기를 원할 경우

다른 아이들도 이 놀잇감을 가지고 놀아야 하며, 만약에 모두가 놀잇감을 집으로 가지고 간다면, 더 이상 갖고 놀 수 있는 놀잇감이 없을 것이라고 설명을 해주면서 부드럽게 거절한다. 때로는 아동들이 치료받았다는 기념으로 모형물을 집으로 가져가기를 원할 때도 있다. 그때 기분을 이해한다고 하면서 충분한 설명으로 안 된다는 것을 이해시킨다. 어쩌다가 놀잇감을 다시 가져오겠다고 할 경우 단서를 붙여 허락해주는 경우도 있는데, 아동이 놀잇감 때문에 지나치게 괴로워한다든지, 전이 대상물로 특정 놀잇감을 원할 경우 등 부득이 한 경우에만 허용한다.

② 아동이 소품을 훔칠 경우

이것은 매우 중요한 문제다. 왜냐하면 아동이 집에 가버린 후에야 비로소 놀잇감이 없어진 것을 발견하는 경우가 대부분이기 때문이다. 치료사들은 이런 사건을 경험했던 기억들이 있을 것이다. 아동이 자아가 매우 미약한 수준이라면, 처음에는 어느 정도 그렇게 하도록 내버려두기도 한다. 예를 들면, 아동의 어머니가 지병으로 죽은 지 얼마 안 되었던 사례가 있었는데, 치료 세션이 끝난 후 공룡 소품이 여러 개 사라진 것을 발견했다. 치료사는 그 아이가 소품을 집에 가져가고 싶어 하는 심정을 이해했기 때문에, 즉시 아이에게 그 문제를 추궁하지 않았다. 수주일 후 아이에게 공룡이 몇 마리 없어졌다고 얘기하고는 아이에게 가져갔는지

물어보았다. 아이는 처음에는 매우 방어적인 태도를 보였지만 끝내는 자신이 그것들을 "빌렸다"고 고백했다. 그리고는 다음 주에 그 놀잇감을 가지고 왔는데, 이 사건이 그 아이의 치료과정에서 없어서는 안 될 중요한 부분이 되었다.

③ 아동이 일부러 모래를 마루에 흘릴 경우

이런 경우는 드물게 일어나지만 만약 아이가 치료사가 어떠한 반응을 보일지 시험하기 위한 것이라는 생각이 들면, 알아듣게 설명해준다. 아이에게 모래놀이 치료실은 집이랑 다른 곳이라고 이야기해주고, 치료실의 규칙에 대해서 설명해주면서 모래상자에 다시 담으면 고맙겠다고 말해준다. 이처럼 아동을 존중하는 방식으로 다루게 되면, 아마도 아이는 치료사가 원하는 대로 할 것이다.

④ 소품을 파괴하는 것에 대해서

초기에 놀잇감을 소개하는 단계에서 아동들에게 때때로 놀이를 하다 보면 놀잇감을 마루에 떨어뜨리거나 망가뜨리는 경우도 있을 수 있으며, 그것이 우연히 일어난 것이라면, 사고란 언제든지 일어날 수 있으니까 괜찮다고 다독여준다. 하지만 고의적으로 놀잇감을 망가뜨리는 것은 허용하지 않을 것임을 분명히 말해준다. 놀잇감을 일부러 고장 낸다는 것은 이러한 규칙들에 대해서 공공연하게 반항하고 싶어 한다는 것을 치료사에게 보여주고자 하는 것이다. 아동의 이런 행동들은 아동의 분노를 일시적으로 해소시켜줄 수는 있지만, 보통은 죄책감을 수반하게 된다. 치료사는 놀잇감을 망가뜨리는 것으로 인해 아동이 이미 가지고 있던 힘든 감정에 죄책감까지 느끼기를 원치 않는다. 설사 아동이 원치 않을지 몰라도 치료사가 이런 규칙들을 고수하는 한, 아동은 보다 안전감을 느끼고 신뢰감을 느낄 수 있을 것이다.

⑤ 아동이 치료사를 때리거나, 침을 뱉거나, 발로 차는 등 위협적 태도를 보일 경우

아동에게 이런 행동은 금지된 행동이라는 것을 분명하게 이야기해준다. 치료사는 아동을 때리거나, 침을 뱉거나, 발로 차지 않을 것이며, 치료사도 아동에게 똑같이 대우받기를 기대한다는 것을 설명해준다. 그리고 아동이 정말로 분노를 느끼는 사람들과 연관 지어 치료사에게 이런 행동을 하는 것에 대해서 이해하고 도움을 주긴 하겠지만, 치료사 자신이 아동에게 그런 분노를 일으킬 만한 짓을 하나도 하지 않았다는 것을 깨달아야만 한다고 이야기해준다. 이런 일들이 일어나는 경우, 치료사가 이해심을 갖고 심하게 나무라지 않는 방법으로 아동을 통제시킨다면 그런 행동은 점차로 줄어들 것이다.

이상의 것들은 모래놀이 치료실을 꾸미고, 유지하기 위한 일반적인 제안들이다. 하지만 모래놀이치료는 치료사들 각자가 치료 상황에서 자신에게 잘 맞는 방법을 창의적으로 고안하는 데 그 매력이 있다 하겠다. 모래놀이에서 절대 불변의 법칙은 없다. 치료사는 무엇보다도 내담자를 위해 치료공간을 제공한다는 마음으로 모래놀이에 임해야겠다(Lois J. Carey, 이정숙 · 고인숙 역, 2002).

» 소품의 역할

치료사들은 모래놀이치료에서 모래상자에 놓인 소품을 분석할 때 어려움을 겪는다. 특히 모래놀이 초보 치료사의 고충은 겪어본 이들은 쉽게 공감하는 일이다. 소품 하나에도 모래상자에 그려진 여러 가지 상황을 연관 지어서 해석해야 하지만 모래놀이는 각 범주에 속하는 소품 몇 개만으로도 효과가 있을 수 있다. 소품이라는 상징적인 언어는 치료사가 내담자에게 주는 선물이다.

소품의 상징은 다양하고도 함축된 특별한 의미를 지니고 있으며, 우리가 모르는 어떤 뜻을 내포하고 있어서, 상징의 의미는 최선의 확충(amplification)을 통한 통찰로써 파악될 수 있다(이부영, 2011). 융은 어떤 상징은 우주적 의미를 지닐 뿐 아니라, 상징적 표현은 인간의 사고와 노력의 모든 측면에 영향을 미치는 중요한 역할을 한다고 하였다(Fontana, 1999). 무의식을 나타내는 모래놀이치료에서 어떤 특정한 동물이 등장할 경우 그 동물이 상징하는 바가 무엇인지 그에 대해 관심을 갖고 주의 깊게 살펴볼 필요가 있다. 모래상자의 표현에서나 혹은 꿈에서 등장하는 동물은 우리(즉, 의식)가 알아야 할 필요가 있는 어떤 것(무의식)을 알려주는 것으로, 우리가 인식하고 존중하고 또한 보다 깊이 통합해야 하는 우리 자신의 측면들을 돌아보게 한다(Gillotti, 2002).

융은 의식과 무의식의 조화(통합) 속에서 생겨나는 '자기(self)'의 상징에 대하여, 자기는 가장 높은 형태에서 가장 낮은 형태에 이르기까지 모든 형태에서 나타날 수 있다고 하였다. 또한 자기는 동물 모습을 한 상징 형태로 나타날 수 있는데, 코끼리, 말, 황소, 곰, 희고 검은 새, 물고기, 뱀, 그리고 거북이의 이미지를 갖는다고 제시하고 있다(Gillotti, 2002, 재인용). 예를 들어 뱀을 놓았을 경우, 독을 가지고 공격하는 것으로 해석할 수 있다. 그러나 허물을 벗은 뱀의 경우는 새로운 탄생 내지는 새로운 시도를 하고 있다고도 해석할 수 있다. 일반적으로 소품의 해석은 우리가 일상에서 어떻게 보고 느끼고 이해하는가에 맞추어 해석하는 것이 기본이다. 거북의 경우는 중국에서 장수를 상징하는 신화와 전설상의 신령스러운 동물, 끈기와 인내심을 가지고 욕심내지 않고 최선을 다해 인생을 살아가자는 의미이다. 거북은 달과 물, 그리고 여성의 에너지, 창조적 어머니를 의미하며 다산, 강건, 장수, 지혜로움을 의미하기도 한다.

모래상자에 놓은 소품들을 내담자와 치료사가 주의 깊게 바라보고 그들의 상징적 의미를 알려는 태도가 내담자의 성장을 가져온다. 이는 "모래상자에서의 내담자의 상징적 작업은 상담자에 의해 생명력 있는 존재로 탄생해서 내담자에게 의식화되기 때문이다(Turner, 2009)"는 말로 설명이 가능하다. 즉, 사람들이 상징의 의미를 직관으로 깨달을 때 상징은 사람들에게는 정동(effect)체험을 하게 하면서 정신적으로 변환인 치유가 일어난다. 이때, 모래놀이치료에서 치료사의 상징에 대한 이해가 매우 중요하다(이혜란 · 왕영희, 2016).

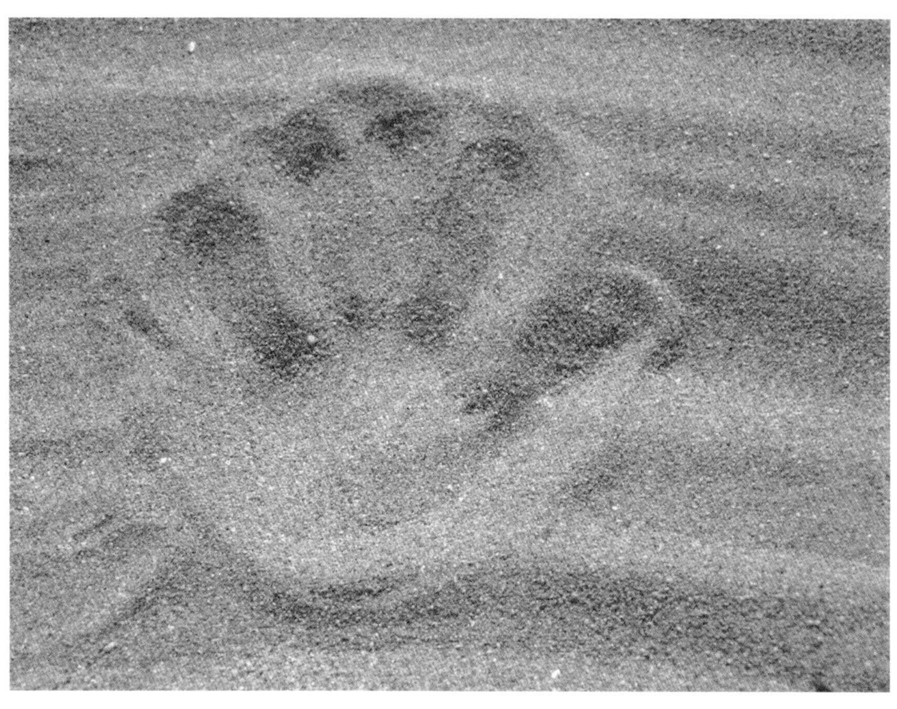

연금술사

*

1 *

연금술이란

우리는 모두 산티아고처럼 나만의 보물을 찾고 싶어 한다. 보물을 찾고자 하는 이 소망이 팍팍한 현실을 견뎌낼 힘을 준다.

"자아의 신화를 이루어내는 것이야말로 이 세상 모든 사람들에게 부과된 유일한 의무지. 자네가 무언가를 간절히 원할 때 온 우주는 자네의 소망이 현실이 되도록 도와준다네."

자아의 신화를 이루어내는 일은 곧 우리 각자에게 예정된 진정한 보물을 찾아내는 일일 것이고, 코엘료는 그것이 바로 삶의 연금술임을 말하고자 한 것이다. 또 코엘료는 모든 행복한 인간이란 자신의 마음속에 신을 담고 있는 사람이라고 속삭였다. 행복이란 사막의 모래알갱이 하나에서도 발견될 수 있다고 했다. 모래알갱이 하나는 천지창조의 한순간이며, 그것을 창조하기 위해 온 우주가 기다려온 억겁의 세월이 담겨 있다(Paulo Coelho, 최정수 역, 2002, 연금술사).

연금술은 기원전 2~3세기 무렵의 그리스 철학과 이집트의 기술을 바탕으로 하여 헬레니즘 사회에서 시작되었다. 그 당시 그리스에서는 자연철학의 발달로 물질의 본질을 규명하려는 풍조가 퍼져 있었고, 이집트에서는 시체를 미라로 보존하여 영혼의 불멸성을 보장받으려는 화학기술이 발달해 있었는데, 연금술은 그 둘을 모태로 해서 태어난 것이다. 일반적으로 연금술은 철이나 구리, 납과 같은 금속을 금 또는 은으로 바꾸거나, 영원한 생명을 위한 불로장생의 명약을 추출하는 것에 대한 연구를 목표로 한다. 연금술은 고대 이집트에서 시작되어 아랍을 거쳐 유럽에 이르기까지 유구한 시간 동안 다양하고 넓은 지역에서 근대 화학이 성립하기 이전까지 행해진 화학 기술이다(Aromatico, 1998). 이러한 금 또는 은, 불로장생의 명약을 얻기 위한 화학 기술에 대한 탐구와 함께 연금술은 자연과 인간의 정신 속에 들어 있는 창조의 에너지를 모아 한 사람을 정신적 · 영적으로 변화시키는 것을 목표로 하였다(이유경, 1996). 그러나 연금술은 18세기에 이르러 점차 자가당착의 어둠에 빠져 쇠퇴했다. '모호한 것은 모호한 것을 통하여, 미지의 것은 미지의 것을 통하여'라는 연금술의 설명 방식은 당시 계몽주의 정신과, 특히 18세기 말 무렵에 싹튼 화학의 과학성과 공존할 수 없었다.

다시 말하면, 연금술은 고대 이집트에서 시작된 것으로 납을 금으로 만들려는 꿈의 소산이다. 납을 어떻게 금으로 변화시킬 수 있는가? 실로 허황되기 그지없는 망상이다. 불가능한 일이기에 흔히들 연금술을 마술이라 부르기도 한다. 마술의 세계 또한 꿈의 세계이다. 허황된 이 꿈을 이루기 위해 연금술사들은 끊임없이 노력해왔다. 그 과정에서 비록 납을 금으로 만들지는 못했지만, 과학 특히 화학은 눈부시게 발전을 거듭하였다. 따라서 연금술은 화학물질을 다루고 있는 것 같지만, 전적으로 인간의 '심상(心象)'을 다루고 있다. 연금술에서는 집단무의식의 투사에 힘입어 물리적인 측면에서 자연과 인간의 통일이라는 문제를 해결하려고 했던 것이다. 이렇게 이루어진 통일은 '하나의 통일된 세계'를 나타낸다. 이 투사의 원리는 심리학적으로 집단무의식을 의식화하는 개별의 '전(全)-인격화', 즉 '자기실현'이다. 그러므로 연금술은 인간의 영혼과 세계의 구원에 관심을 갖는 종교적이고 정신적 실험이라고 할 수 있을 것이다.

인간의 능력은 가히 무한하다. 창조주께서 인간에게 무한한 잠재력을 부여했다. 어떤 사람은 자신에게 그 잠재력을 끊임없이 계발하여 실현하는가 하면 또 어떤 사람은 자신에게 그러한 능력이 잠재해 있는지도 모르고 그냥 수동적으로 허송세월하다가 삶을 마감하기도 한다. 잠재력을 쉼 없이 계발하는 것이 곧 마음의 연금술이다(고영건 · 안창일, 2011).

연금술의 상징은 꿈을 확대시키기 때문에 가치 있을 뿐만 아니라 모래상자를 해석하는 데 있어서 가장 효과적이다. 연금술 과정에서 각각의 단계와 모래상자에서 변화의 정신적 과정, 특히 개성화를 비교할 수 있다. 일반적인 근거로 정신과정은 비슷한 패턴을 가지고 진행된다. 이것의 근거로 기본적인 틀 안에서 과정이 단계대로 진행된다는 유사점을 찾을 수 있다. 이것을 꿈의 해석과 모래놀이에서 나타나는 진행과정과 상징, 그리고 연금술에서 볼 수 있다. 오직 각각의 방법은 다른 수단과 형태를 가지고 있는 차이점만 있다.

심리학적 연금술에서 셀리그먼(Martin E. Seligman, 2006)은 긍정심리학을 통해 "마치 조개가 고통스러운 모래알을 진주로 탈바꿈시키는 것과 같은 실제적인 삶의 연금술"에 각별한 관심을 기울이고 있다고 하였다. 삶의 연금술이란 인간의 삶에서 연금술과 같은 효과, 즉 상상 속에서나 존재할 수 있다고 믿는 일들이 실제로 나타날 수 있도록 해주는 삶의 기술들을 의미한다. 베일런트(George E. Vaillant)는 이러한 삶의 기술들을 "자아의 연금술(The alchemy of the Ego)"이라 부르기도 하였다.

융이 관심을 기울였던 "연금술의 심리학적인 비밀들", 긍정심리학에서 초점을 맞추는 "삶의 연금술적인 지혜" 그리고 하버드 대학의 성인 발달 연구 결과를 통해 드러난 "자아의 연금술"은 세부적으로는 저마다 독특한 특징을 가지고 있다. 하지만 그러한 개념들 모두 인간의 연금술적인 회복 능력과 연금술적인 삶의 기술들을 강조한다는 점에서 "심리학적인 연금술(Psychological alchemy)"로 재정의할 수 있다. 심리학적인 연금술은 삶에서 성숙한 변화가 이루어지도록 함으로써 비합리적인 사람들을 보다 합리적인 사람으로 만들어주며, 또 사랑받지 못하던 사람을 사랑스러운 사람으로 바꾸어준다. 우리가 소설이나 영화보다도 실제 인간의 삶이 훨씬 더 드라마틱하다고 느끼게 되는 것은 바로 삶의 연금술 때문이라고 할 수 있다. 삶의 연금술사들이 펼치는 인생드라마는 마치 삶에서 마법이 작용하는 것 같은 인상을 주기도 한다.

영국의 철학자 베이컨(Francis Bacon)은 고대 이집트에서 시작된 연금술이 현대의 화학에 남긴 유산을 이솝(Aesop) 우화를 예로 들어 설명한 바 있다. 즉, 연금술이 화학에 미친 영향은 어느 농부가 세상을 떠나면서 아들들에게 포도밭에 금을 묻어두었다는 유언을 남겼던 것과 비슷하다는 것이다. 그 말을 들은 아들들은 아버지가 세상을 뜬 뒤 포도밭을 샅샅이 뒤졌지만 결국 금을 발견하지는 못했다. 그러나 금을 찾느라 밭을 열심히 일군 덕분에 그해 가을의 포도 수확이 매우 풍성하였다. 마찬가지로 납을 금으로 바꿀 수 있는 비법을 발견하고자 했던 수많은 연금술사들의 노력은 화학의 비약적인 발전이라는 열매를 맺을 수 있었다(고영건 · 안창일, 2011).

2 *

칼 구스타프 융과 연금술

융의 연금술에 관한 관심은 견해를 달리했던 프로이트와의 결별과 더불어 시작되었다고 할 수 있다. 융은 프로이트와 견해를 달리하고 자신의 고유한 방식대로 '무의식'의 이해를 시도하려는 과정에서 자연스럽게 '연금술' 연구에 들어가게 되었다. 그의 '연금술' 연구는 자신의 독자적인 심리학 사상의 기반을 마련하기 위한 연구에서 시작되었다.

1909년 융과 프로이트는 미국 클라크대학의 초청을 받아 미국에 함께 머무르는 동안 서로의 꿈을 이해하기 위하여 공동 분석을 시도했다. 이때 융은 프로이트가 꿈의 내용을 억압된 개인적인 잠재적 소망으로만 환원시키는 것에 동의할 수 없었다. 점차 이런 억압된 개인무의식 너머 선험적으로 존재하는 '집단무의식'의 개념을 떠올리게 된 것이다. 당시 융은 12세기의 십자군이 유령으로 등장하는 꿈을 꾸었는데, 그 뜻을 이해할 수 없었다. 나중에서야 12세기가 십자군의 원정이라는 사건 이외에 '성배'에 관한 연구와 '연금술'의 연구가 시작된 때와 일치한다는 것을 알았다.

1919년 융은 『리비도의 변환과 상징(Wandlung und Symbole der Libido)』에서 '근친상간'의 모티브는 개인의 심리적 가치를 넘어 고도의 종교적 의미를 지니고 있다고 밝히며, 프로이트와 사실상 완전히 결별을 선언한다. 그 후 자신의 고유한 방식으로 '무의식'을 이해할 수 있는 길을 찾으면서, 1918년에서 1926년까지 그노시스파의 서적들을 연구하였다. 이를 통하여 그노시스파를 중세 초기의 신비

주의였던 신플라톤주의와 연결시킬 수 있었고, 계속하여 중세의 연금술로 이어지는 맥락을 잡을 수 있었다. 중세 이후 근대를 거쳐 연금술의 전통은 두 줄기로 나뉘었는데, 한 줄기는 오늘날의 과학주의로, 또 다른 한 줄기는 현대 심리학으로 이어졌다. 융은 우선 프로이트가 중세의 연금술에서 현대의 심리학으로 이어지는 흐름을 주도했다고 보았다(이유경, 1996).

융은 기독교가 너무 교리에 얽매이고, 규격화되어 인간 내면 깊은 곳을 충족시켜주지 못하는 것의 대안으로 1918년부터 1926년 사이 영지주의(gnosticism)자들의 무의식적 의미에 대해 연구하였다(Jung, 2015a). 그는 영지주의를 통해서 연금술에 대해서 알게 되었고, 연금술 서적을 구입해서 살펴보았다.

본격적으로 연금술에 대해 연구하게 된 계기는 중국학자인 리처드 빌헬름(Richard Willhelm)의 중국 도교 연금술서 번역본인 『태을금화종지(太乙金華宗旨)』를 보고, 중국 연금술에 매료되었기 때문이다. 융은 이에 대응하는 서양 연금술 문헌들을 찾아서 연구에 몰두하기 시작했다(Jung&Willhelm, 2014). 계속된 연구에서 연금술의 과정이 자신이 행하고 있는 심리학과 일치하고 있음을 확인하게 되었다. 그래서 연금술사의 경험이 곧 자신의 경험이고, 연금술사의 세계가 곧 자신의 세계라고 믿었다. 무엇보다 연금술의 연구를 통하여 자신의 심리학이 역사적인 근원을 가지게 되었다고 본 것이다. 특히 그는 개신교나 유대교의 영역에서 부(남성)는 여전히 지배적이었지만, 연금술 철학에서는 여성적 원리가 대등한 역할을 하고 있음을 알 수 있었다. 융은 연금술에서 인간정신의 목표인 '개성화'를 향해서 나아가는 과정을 보았으며, 무의식에 관한 연구에서 무의식과 의식과의 관계변화를 다루고 있었는데, 연금술이 바로 그러한 무의식의 변환과정을 나타내고 있다는 것을 거듭 확인하게 되었다. 개인에서뿐 아니라 집단에 있어서도 상징의 변환과정을 통하여 실현되는 정신의 내용을 이해하게 됨으로써 이를 반영하여 자신의 심리학에서 가장 중요한 개념의 하나인 '개인의 전-인격화'의 개념을 세웠다.

결과적으로 융은 심리학을 연금술화했거나 혹은 연금술을 심리화했던 것이다. 그가 행한 정신치료도 연금술적 과정을 반영하고 있다. 특히 치료과정에서 겪게 되는 전이를 연금술적으로 다룬 것이 『전이의 심리학』(1946)이다. 융은 생의 마지막 시기에 『합일의 비밀』(1955)을 완성한다. 이는 연금술과 무의식의 심리학이라는 두 영역의 혼합적 완성을 시도한 것이었다. 그는 여기서 전이의 문제를 다시 다루면서 자신의 심리학이 '연금술적 심리학'이라고 하고, 분석심리학이 연금술에 역사적 기반을 두고 있음을 거듭 강조한다(이유경, 1996).

오늘날 대부분 사람은 연금술이 몽상가들의 허황된 꿈을 반영하는 것일 뿐이라고 믿고 있다. 하지만 융은 "연금술은 풍부한 상징들을 통해 종교적인 의식과 마찬가지로, 인간의 정신적인 유산에 대한 놀라운 통찰력을 제공해줄 수 있다"라고했다. 그는 연금술에 관해 사람들이 일반적으로 갖고 있는 그릇된 인식들은 주로 연금술의 상징적인 성격에 대한 오해와 밀접한 관계가 있다고 생각하였다.

융은 인간의 정신적인 해방을 추구했던 심리학적인 연금술이 현대인에게 주는 의미를 강조하기 위해 중세의 연금술사 빌라노바(Arnaldus de Villanova)의 시를 소개한 바 있다.

여기에 초라하고 볼품없는 돌이 서 있다네.
이것은 매우 값싼 것이지만,
어리석은 이들이 비웃으면 비웃을수록
현자의 사랑은 더욱더 커져간다네.

위에 등장하는 돌은 현자의 돌(philosopher's stone)이다. 일반 사람들이 흔히 생각하는 것처럼, 현자의 돌은 물질적인 형태의 돌이 아니라 정신적인 금을 뜻하는 것이다. 동시에 동양적인 시각에서 본다면, 현자의 돌은 세상에서 가장 아름다운 꽃을 상징하는 황금꽃과 같은 것이라 할 수 있다.

황금꽃은 일종의 만다라 상으로서 인간의 정신적인 해방을 나타내는 상징이다. 이런 점에서 융은 동양적인 사유의 전통과 연금술이 지향하는 바가 상통한다고 주장하였다. 융에 따르면, 동양인과 서양인 모두 광대한 인간의 정신세계를 공유하고 있는 것이다. 융은 인간의 정신세계가 우주와 비교할 수 없을 만큼 무한할 수 있다고 주장하였다(고영건 · 안창일, 2011).

3 *

연금술 작업과 모래놀이치료

» 연금술 작업

모래놀이치료와 연금술은 개성화를 목표로 하는 것으로 아주 사소한 질료를 통해 깊은 심층의 활동을 다루는 것으로 느리게 진척되는 실험이다. 그렇지만 그 작업에서 우리는 내면에 미치는 강력한 힘을 통해 특별한 가치를 발견하게 된다(Bachelard, 2002).

연금술의 기본적인 이미지는 대작(opus)이다. 작업(operation) 자체로서, 일련의 화학물질을 가지고 하는 이 작업은 실질적이다. 작업이 가지는 특성은 매우 개인적이라는 점으로 연금술사들은 단호히 홀로이기를 택한 고독한 자들이다. 이러한 사실은 개성화를 향한 과정에는 각자 고유의 방식이 있다는 것을 의미한다. 대작이 다수로 구성된 위원회 같은 것에 의해서 수행될 수 없고, 가장 심층적인 측면은 오직 홀로 있을 때 경험하게 된다는 것을 의미한다. 이러한 이유에서 연금술 작업은 필연적으로 적어도 얼마간 세상과 멀어지며, 그 작업은 연금술사마다 조금씩 다르다.

모래놀이치료 작업이 외부에서는 그 누구도 그것을 이해할 수 없다는 점에서 이러한 연금술의 작업과 부합한다고 하겠다. 이러한 작업들은 타인의 집단적 · 보수적 가치관이나 바로 자신의 그림자에 의하여 어리석은 작업이라고 멸시받게 될 것이다(Edinger, 2015). 대작과 모래놀이치료의 또 다른 특성은 그 비밀스러움이다. 연금술사와 치료사들은 자신들을 신비의 수호자로 생각하고 그 신비의 자격이 없는 자들에게 누설해서는 안 된다고 생각했다.

융은 이들의 작업을 '속박에서 풀려난 자연 혼을 탐구하고, 영혼 속에 숨겨져 있는 빛으로 향하여 가는 길을 가로막고 있는 장애들을 제거하는 일'로 보고 있다. 이것을 통해 연금술사들은 신의 세계를 발견하고자 하였다. 신이 우주를 창조할 때 불어 넣은 입김은 자연 속에, 즉 그들이 실험 대상으로 삼은 물질 속에 숨어 있다고 본 것이다. 이는 물질 속에 살아 있는 '활성적 존재'였는데, 연금술사들은 작업을 통해 물질 속에 살아 있는 활성적 존재인 혼(anima mundi)이 드러날 수 있도록 도와주는 것이다. 이 '활성적 존재'가 심리학적으로 보면 투사된 연금술사들의 '무의식'에 해당한다(이유경, 1996).

이러한 연금술의 작업은 몇 단계 구조로 이루어진다. 연금술사들은 실험과정에서 색깔이 크게 세 가지로 변하는 것을 보고 그 색깔을 바탕으로 작업 진행과정을 판단하였다.

① 검은색(nigredo) 단계

검은색 단계는 원물질(prima materia)의 상태 또는 모든 요소들이 해체된 상태이다. 아직 모든 것이 혼돈 속에 있는 상태는 자아의 퇴행과 죽음을 의미한다. 이때 자아는 전적으로 내향적이 되어, 집단무의식이 활성화되는 것을 말한다. 연금술에서의 검은색은 죽음, 부패, 연소를 의미한다(이유경, 1996). 이 과정은 느리고 반복적이며, 노력이 많이 들어가며, 응고 또는 가루가 되는 과정을 거치기도 하기에 고통스러운 과정이다. 심리학적으로 검은색의 상태는 우울, 혼란, 압박과 괴로움, 질병과 실패, 죽음을 생각할 수 있고 이러한 생각으로 인한 비판적이고 편집증적인 말하기도 한다. 또한 이러한 검은색의 상태는 단순히 고통만을 의미하는 것이 아니라 연금술의 변형과정에서의 필수 불가결한 과정으로 원질료가 가지고 있는 불순물을 사라지게 하여 그 본래의 정수를 드러내도록 하는 과정 또는 단계의 하나라 할 수 있다(김현화, 2016).

② 흰색(albedo) 단계

연금술에서 흰색 단계는 분리되고 분해된 물질에 세제(洗劑)를 넣어서 정화시키고, 증류기 속에서 처음으로 통합이 이루어진 상태로 암흑 뒤에 나타나는 빛의 상태이다. 모든 색깔은 합쳐져서 흰색으로 된다. 검음과 같은 죽음이 혼(anima)을 사라지게 했다면 흰색은 육체로 재결합한 상태로 우주적 질료로 재배열되면서 가치 있는 결합이 이루어진 것이다(신미경, 2013). 융은 이 단계가 연금술에서 가장 중요한 단계라고 주장하였다. 흰색 단계가 이루어지면 그다음 단계는 저절로 이루어지고, 이 단계가 최종적인 단계의 여명(l'aube)을 알리기 때문이다. 분석심리학적으로 말하자면, 이 단계는 분석과정을 통해 자아가 무의식의 흐름을 따르면서 그림자를 비롯하여 모든 억압되고 무의식화되었던 요소를 통합하는 단계이다. 이때 의식은 아직 완전히 각성되지 않았지만, 무의식의 요소들이 많이 통합되어 사람들은 그 전처럼 무의식의 충동에 휘둘리지 않고 안정되어 편안함을 느끼게 된다(김성민, 2012).

③ 붉은색(rubedo) 단계

붉은색 단계는 흰색 단계에서 연금술사들이 가열을 더하여 붉은색으로 변하게 된다. 흰색 단계로부터 불이 강하게 올라오면 나타나는 흰색과 붉은색은 여왕과 왕으로 나타내는데, 이 단계에서 '화학적 결혼(nuptiac chymicae)'이라고 하는 완전한 둘의 결합이 이루어진다(Jung, 2004b). 이것은 대지적인 것이 천상의 의미를 획득하고 천상의 것이 지상적 존재에 의하여 알려지는 것을 의미한다(Edinger, 2015). 즉 Jung이 최고의 선으로 보는 전-인격화가 이루어지는 단계이다(신미경, 2013).

흰색 단계가 은 또는 달을 의미한다면, 붉은색은 금 또는 태양의 색이며, 인간의 피색을 의미한다. 밤이 지나가고 마침내 날이 밝음을 의미하는 의식의 색이기도 하다. 의식은 자신이 활동을 개시한다는 것으로 전-인격의 존재가 가진 의식성을 의미한다. 연금술의 과정은 이로써 완전히 목표에 도달한 것이다. 붉은색의 단계는 우주적인 질료가 마침내 형상을 갖추어 하나의 존재로서 탄생하는 것이다(이유경, 1996). 이렇게 볼 때 원물질에서 그 안에 있는 실체인 영(靈)을 추출하여 다시 그 몸체와 결합하려는 연금술은 화학실험이 아니라 연금술사들의 내면에서 일어나는 정신과정을 화학실험에 투사시킨 작업인 것이 뚜렷해진다(김성민, 2012).

» 모래놀이치료

모래놀이치료에서 페르소나를 인식하고 그림자를 만나는 작업은 자신이 해체되는 것과 같은(Sanford, 2010) 혼돈의 상태로 연금술의 검은색 단계와 같다. 혼돈의 상태에서는 원물질과 같은 자신의 상처와 부정적인 감정이 드러나고 그것들을 구분하는 작업이 진행된다. 이때 모래놀이치료사는 모래상자와 더불어 심리적 용기가 되어야 하며 인간과 문화에 대한 지식, 믿음, 임상경험을 통해 많은 것을 품을 수 있는 도량이 요구된다. 즉, 전적으로 내담자를 안아줄 수 있어야 한다. 안정적으로 내담자를 안아줄 수 있는 치료사의 조건으로 암만(Ammann, 2009)은 치료사의 안정적 정신성을 가장 강조한다.

모래놀이치료에서 아니마(anima) · 아니무스(animus)를 경험하는 것은 연금술의 검은색 단계에서 조금 더 발전된 흰색 단계로, 분해된 물질을 흰색으로 통합하는 여명의 상태로 볼 수 있다. 아니마 · 아니무스의 의식화는 남성은 남성답게 여성은 여성으로서 자긍심을 높인 후 가능하다. 특히 여성의 창조성은 여성이 살아가는 삶의 현장이 된다(Jung, E., 1995).

연금술 작업은 우리가 화학 물체를 다루는 어떤 실험을 생각할 만한 본래의 '전문적 조작'으로 구성된다. 연금술 대작을 '위대한 작업', '신성한 예술'이라고 하는데 이는 질료 안에 있는 신적인 세계의 혼(welt-seele)을 구원해내는 인내심과 노동, 용기, 외로움의 종교적인 태도가 요구될 정도의 노력이 필요하기 때문이다. 이는 매우 고독한 개인 작업으로 자아가 자기로 향하는 것이라 사람마다 투사하는 고유한 무의식적 내용이 다르므로 개성적일 수밖에 없다. 또한 대작은 천지창조와 맞먹는 개인과 세상을 동급에 놓는 '개성화'를 말한다(Jung, 2015a).

연금술에서 말하는 용기와 모래상자는 심혼의 변환이 일어나는 용기와 같은 것으로 볼 수 있다. 모래상자는 갱신과 재탄생을 위한 일종의 자궁에 해당한다(Ammann, 2009). 즉, 인격의 변화가 일어날 수 있도록 지켜주는 그릇이다. 칼프가 '자유롭고 보호된 공간'이라고 표현했던 곳이 바로 모래상자인데 그 안에서는 무의식의 내용들이 구체적인 형태를 띠고 나타나게 된다. "참된 자유가 언제나 하나의 제한을 전제로 한 것처럼 인간에게 알맞은 크기로 만들어진 상자 그 자체가 하나의 제한이며, 그 제한 속에서 비로소 인격의 변화가 일어난다(Kalff, 1980, 山中療俗 · 김유숙, 2005)." 그러므로 모래놀이치료에서는 바로 그 모래상자와 함께 치료사와의 관계 형성이 연금술 용기가 되는 것이다. 이것의 또 다른 이름은 '테메노스(temenos)', 즉 '성스러운 공간'이다.

모래놀이치료의 초기에는 연금술의 제1의 물질(prima materia)처럼 혼돈의 장면이 자주 나온다. 에딩거(Edinger, 2015)는 연금술의 제1의 물질을 가리켜 로고스(logos)의 세계를 만들기 이전의 혼돈과 같다고 한다. 연금술처럼 초기의 모래상자는 혼돈에서 시작해서 차츰 회기가 진행되면서 질서가 나타난다.

연금술 과정 중 용기 안의 물질은 타서 흰 가루가 된다. 에딩거는 타고 남

1 연금술 작업 1

은 흰 가루의 재를 '하얀 흙'이라고 말한다. 이것을 브래드웨이(K. Bradway, 2001)는 모래놀이치료의 모래, 모래의 흰색에 비유하고, 연금술의 용해작용을 모래놀이치료에서 모래상자에 모래가 없는 상태의 바닥에 푸른색은 물 혹은 하늘을 표현한 것이다. 이렇게 연금술과 모래놀이에서 가장 유사한 점은 연금술의 용기와 모래놀이치료에 있어서의 모래상자일 것이다. 모래놀이치료에서 첫 번째 상자에서는 대부분 혼돈의 세계가 펼쳐지는데, 이는 연금술에서의 제1의 물질의 상태라고 볼 수 있다. 그다음 단계로는 갈등이 일어나면서 자아가 강화되고 투쟁의 단계로 들어간다. 이는 제1의 물질이 응고되고, 엉기는 상태와 유사하다. 이러한 과정을 통한 후 종결부분으로 가면서 연금술에서 영원히 변하지 않는 메르크리우스(Mercurius)로, 모래상자에서는 만다라로 자기를 출현시킨다. 이는 모래상자에서

2 연금술 작업 2

통합의 단계라고 할 수 있다(김보애, 2007).

결론적으로 개성화 작업이 성공하기 위해서는 질료들을 연금술 용기에 넣어야 하고, 그 다음에 열이 가해져야 한다. 이때 중요한 것은 최초의 물질이 현자의 돌이 되지 못한다는 사실이다. 이런 이유로 연금술 용기는 단단하게 봉인되어야 한다. 이것을 심리학적으로 설명한다면 우리가 온전한 사람이 되고자 하는 무의식의 다른 측면들이 인식되어야 하는 것으로 의식에 의해 유지되어야 하고 빠져나가선 안 된다는 것을 의미한다. 즉, 자신의 본성을 제대로 인식해야만 마음의 용기를 지닐 수 있게 된다.

*4

연금술의 변환과정

에딩거(2015)는 작업을 통해 연금술의 변환과정을 연소(calcinatio), 용해(solutio), 응고(coagulatio), 상승(sublimatio), 죽음(mortificatio), 분리(separatio), 합일(coninuctio)의 7가지 작업으로 설명하고 있다.

» 연소

연금술 작업은 연소로 시작한다. 연금술의 4원소(용해는 물, 응고는 흙, 상승은 공기) 중 연소는 불과 관련된 작업이다. 물질을 태우거나 물질에 영향을 미치는 불이 포함된 모든 이미지는 연소 작업과 관련되고, 불은 복잡하고 풍부한 상징성을 품게 된다. 이 연소 작업에서 얻어진 결과는 산화된 검은 물질이나 하얀 재이다. 융은 불을 리비도(libido)의 상징으로 보았다(Jung, 2005).

대부분 연소의 결과는 죽음과 연결된다. 이때 용기는 무덤이나 관, 지하계라고 불렀다. 그러므로 죽은 자를 인도하는 하데스(Hades)도 불과 죽음의 의미를 포함한다. 연금술의 삽화에서 왕의 시체를 먹는 늑대를 불로 태우는 장면(Jung, 2004)은 욕망을 불로 다스리려 하는 것으로 연소의 필요성을 말하고 있다(신미경, 2013).

가장 성스러운 불은 성령의 불로 인간과 신을 이어주는 끈과 같은 것으로 긍정적 의미를 지닌다. 또한 완전하게 불에 태워져 희생되는 것은 성스러움을 만들어내는 것이다. 태워질 때 거대한 연기가 되어 위로 올라가는 것은 신의 영역으로 올라가는 것으로, 공기의 성질을 가진 불은 상승과 연관이 되기도 한다. 이는 페르세포네(Persephone)를 찾아 헤매던 데메테르(Demeter)에게 불 목욕(fire-bath)을 시킴으로써 불사의 존재로 만들기 위한 것과 같은 의미이며, 심리적으로 고통을 수반하는 연소는 정신의 영원성을 추구하는 것이다.

연소의 마지막 상태는 하얀 재가 되는 것이다. 이것은 연금술 문헌에서 "하얀 잎 모양의 장식을 한 땅"이라 부르기도 한다. 이것은 흰색 단계를 의미하기도 하고, 상태가 하얗게 되어가는 것이기도 하는 모순적인 연상들을 가지고 있다. 왜냐하면 손 위에 있는 재들은 원질료가 변화되는 과정에서 나오는 절망과 슬픔 혹은 회개를 의미하지만, 다른 한편으로 그것은 연금술 작업의 목표로써 최고의 가치를 담고 있다(Edinger, 2015).

연소가 이루어지는 과정은 치유과정이다. 연소에서의 불의 의미를 심리치료현장으로 확대해본다면 이 작업을 위해 불 혹은 정서적인 강력함이 필요하며 그것은 콤플렉스 자체 안에 이미 존재하고 있다. 그리고 내담자가 그 점을 다른 사람과 공유하면서 콤플렉스를 의식화하려고 하는 순간 작동하게 된다. 삶의 현실에서 경험하게 되는 수많은 욕구의 좌절은 수치심과 죄책감, 불안을 수반하는 모든 생각과 행동으로 표현될 수가 있다. 연소 작업은 자유로운 정서와 감정의 긍정적 에너지와 정신의 움직임이 생기면서 자아의 기능이 형성되어 오염된 무의식을 희게 정화하는 효과를 가지게 된다(Edinger, 2015). 또한 연소는 존재의 원형적인 측면을 볼 수 있는 능력과 강한 정동(effect)에 휩쓸리지 않는 면역력을 가져다준다. 개인이 초개인적인 중심과 관계를 맺을 경우 정동은 세상의 불, 즉 좌절된 욕구로 인한 고통이 아니라 에테르(하늘을 태우는 정기)적인 자신을 새로운 모습으로 변하게 한다.

심리적으로 볼 때 연소는 열정, 절망, 화와 분노같이 따뜻하거나 좀 더 뜨거운 감정들과 연관이 있다. 사람들은 이런 감정들을 자주 억누르는 경향이 있기도 하지만 제대로 경험하고 표현하게 되면 긴장감을 풀어주고 창조적인 에너지를 발산할 수 있게 된다. 모래놀이치료에서 연소를 나타내는 상징으로는 불, 촛불, 화산, 풍로, 오븐, 요리, 태양, 불을 토하는 용 혹은 분노를 나타내는 소품들이 있다(Jackson, 2007b). 재에서 탄생하는 로마의 신, 화산을 지키는 신, 불타고 있는 집, 성적인 열정을 나타내는 것들이 모래작품에 등장하기도 한다. 이들은 건설적이기도 하지만 파괴적인 특성도 동시에 갖는다. 건설적인 불로 자주 나타나는 것은 사람들에게 영양을 주는 음식을 만드는 요리 장면이다.

» 용해

용해는 연금술에서 주요과정 중 하나로 "용해는 연금술의 뿌리이다(Edinger, 2015)"라고 말할 정도로 필수적인 작업이다. 연소 작업은 불의 요소, 응고 작업은 흙의 요소, 상승 작업은 공기의 요소와 관련되는 것처럼 용해 작업은 물과 관련된다. 연금술사들은 물질이 원질료의 형태로 돌아가야만 변화되었다고 생각했다. 이때 물은 자궁이고, 용해는 재탄생을 위해 자궁으로 돌아가는 것을 말한다.

연금술사들이 말하는 첫 물질 또는 원질료라는 개념은 소크라테스 이전 철학자들로부터 물려받은 것이다. 탈레스(Thales)와 많은 창조신화에서 물은 세상에 창조되어 나온 근원적인 물질이다. 연금술사들은 물질이 원질료의 형태로 되돌아가지 않으면 변환되지 않는다고 생각했다. 이것은 심리치료 과정에도 고착되어 변화하지 않는 경직된 상태의 성격은 자신이 옳다고 확고하게 믿기 때문에 변화를 허용하지 않는다. 변환을 위해서는 이러한 고착된 성격의 측면이 녹거나 원질료 차원으로 환원되어야 한다. 이는 분석과정에서 무의식의 산물들을 살피고 확립된 자아의 태도에 의문을 던지는 것에 의하여 이루어진다. 용해는 한 형태가 사라지고 새로운 형태가 출현하는 이중의 효과를 가진다. 오래된 것을 용해하는 것은 종종 부정적인 이미지로 묘사되며 이는 검은색과 연관된다. '검정'은 물질이 선명한 검은색으로 더 뚜렷해지게 되면 용해가 달성되었다는 것을 의미하며, 새롭게 활기를 띠는 형태로 이어진다.

이렇듯 용해는 '죽음'이 되기도 하는데, 그도 그럴 것이 용해되는 것을 소멸로 경험하기 때문이다. 헤라클레이토스는 '죽음'은 영혼이 물이 되는 것이라고 말했다(Edinger, 2015). 여기서 용해는 물의 힘으로 해체되는 것을 뜻하며 죽음보다 회복의 시작이고, 어둠과 죽음이 지나가고 새롭게 탄생하는 것이다. 이러한 측면에서 용해는 신성력과의 만남으로 자아가 자기와의 관계를 시험하고 확립한다. 용해는 자기로부터 나와 자아 속에 구원받을 가치가 있는 것은 구원받고 구원받을 가치가 없는 것은 해체되고 용해되어 새로운 생명 형태로 다시 만나게 된다. 이처럼 생명 과정은 끊임없이 자신을 새롭게 한다(Edinger, 2015). 심리치료 과정에서 내담자가 폭넓은 관점을 가진 치료사와 대면하게 될 경우, 이를 통해 내담자의 자아는 용해되는 느낌이 들게 된다. 이러한 상황은 흔히 전이를 일으키는 요인이 되며, 대극을 포용하는 마음을 대면하고 받아들일 경우, 내담자의 마음은 거기에 녹아드는 용해 상태가 된다. 그러나 심리치료사는 내담자가 위협적인 나머지 심리적인 방패를 필요로 할 수 있다는 것을 알아야 한다. 내부로부터의 경험이든 외부 집단이나 개인으로의 투사든 용해를 작동하는 힘은 자기라는 것을 이해하고 있어야 한다.

꿈에서 흔히 나타나는 목욕, 샤워, 물 뿌림, 수영, 물에 담그는 것은 모두 용해의 상징이며, 깨끗해지는 것, 물속에 잠김으로써 다시 새로워지는 것, 진정한 죽음으로 다시 태어나는 것, 세례를 받는 것 등은 신앙의 공동체로 들어가는 것이다. 이처럼 온전히 거듭남을 표시하는 것은 자아의 변형이며, 개인으로의 투사든 용해를 작동하는 힘은 자기의 경험이다.

지금까지 논한 용해 작업의 7가지 주요 측면을 다시 요약하면 ① 자궁 또는 최초의 상태로의 회귀 ② 분해, 분산, 분할 ③ 큰 것이 작은 것을 포용함 ④ 재탄생, 다시 젊어짐, 창조적 에너지 흐름에 잠김 ⑤ 시련과 정화 ⑥ 문제의 해결 ⑦ 녹이고 부드럽게 하는 과정이다. 여러 측면은 서로 중첩되기도 하고 이 중 몇 개 혹은 전부가 모여 어떤 단일한 경험의 여러 다른 양상을 만들기도 한다.

용해는 감정의 흐름과 연관되어 슬픔이나 절망, 비통한 마음을 나타낸다. 이러한 용해의 감정적 경험은 문제들을 감정의 영역으로 옮겨놓음으로써 심리적 문제를 해결하는 것이다. 바꾸어 말하면 리비도의 정체라고 볼 수 있는 문제 증상을 녹임으로써 '대답할 수 없는 그 무엇'에 답을 주는 것이라 하겠다(Edinger, 2015). 즉, 감정이 용해되어 마음이 여유롭지 못해 경직된 마음이 치료를 통해 분출되면서 카타르시스를 느끼는 것, 자각하지 못한 무의식이나 그림자를 아는 것도 자신의 때를 녹여내고 씻어내는 것으로 용해 작업이 된다(신미경, 2013).

모래놀이치료 과정에서 용해를 상징하는 것은 여러 형태의 물이나, 목욕하기, 씻거나 수영하기, 물 뿌리기, 비, 세례 혹은 울음, 비탄이나 고통을 표현하거나 그러한 것을 표현하고 있는 소품들이다(Jackson, 2007b). 모래놀이치료 장면에서 마른 모래에 물을 부어 젖은 모래로 만드는 것, 모래를 치워서 바닥을 드러내는 행위도 용해 작업에 속한다.

» 응고

연금술에서 응고는 단단하게 만들거나 날아가지 않게 한 것으로, 형성 · 단결 · 창조와 연관이 있다. 응고는 땅을 상징하는 작업에 속하며 종종 세계 창조와 동일한 형식으로 나타난다. 융은 응고되는 물질로 수은에 대해 방대하게「메르쿠리우스의 영(The Spirit Mercurius)」을 저술하였다. 본질적으로 그것은 원형적 정신의 자율적인 영이며 자기의 역설적 표현이다. 메르쿠리우스의 영이 응고된다는 것은 자아가 자기에게 연결되는 것으로 개성화의 실현인 것이다(Edinger, 2015).

연금술사는 자연의 모방자이며, 연금술사의 실험실은 대우주에 대한 일종의 소우주이다. 연금술사의 화덕에서는 부패(putrefactio) 단계로부터 수은물과 고체액이 나온다. 연금술사들은 수은을 돌에 고정하려고 애쓰지만 간단하고 쉬운 작업은 아니었다. 이것은 현자의 돌의 기본 성분인 현자의 수은은 가장 휘발성이 큰 물질이었기 때문에 어려운 응고 작업의 하나이다(박인효, 1999).

응고에는 일반적으로 다른 과정이 따르는데, 가장 빈번하게 '죽음'과 '부패' 작업이 뒤를 잇는다. 이제 충분하게 구체화된 것은 변환이다. 초기 정신적인 발달의 전(全) 과정, 즉 객체적인 정신과 일체된 근원적인 상태로부터 자아가 탄생하는 과정은 응고의 과정으로 볼 수 있다. 응고는 액체가 고체가 되는 것이고 납처럼 단단하게 되는 것, 음식이 흡수되어 신체 일부가 되는 것, 못 박힘으로써 단단하게 고정되는 것 등의 주제가 있다. 신체와 관계되는 응고 중 다른 주제는 임신이 있다. 음식을 먹음으로써 자기의 경험으로 나타나는 응고에는 영원한 생명을 보장하는 기독교의 성만찬 의식이 있다. 응고되는 것은 죽음까지도 감수해야 하는 삶을 살아간다는 것으로 생명력을 나타내기도 하지만 휴식을 하는 순간 정지한다. 이는 새로운 상황으로 변화하기 위해서 숨을 고르거나 과녁에 화살을 던지기 위해 멈추는 순간과 같다(신미경, 2013).

연금술의 응고는 종종 여성성의 원리와 삶의 활기를 결정하는 구조에서 여성적 성격을 지니기도 한다. 예로 고대 바느질과 실을 엮어 옷감을 만드는 길쌈의 심상으로 존재하는 운명의 여신도 응고와 연관이 된다. 심리학적으로 볼 때, 응고는 더 건강하고 안정된 자아의 기능을 발휘하는 것으로 자아성장의 원형적 과정을 표현하는 정교한 상징체계를 구성한다. 그리고 응고는 충분하게 구체화되는 고난을 포함한 변환 작업의 하나로써 자기에 대한 자아가 정신의 정체성 속에서 응고에 접하게 될 때, 자아가 발달하게 되면서 상징성으로 개성화 과정과 동일한 것이 될 수 있다(Edinger, 2015).

모래놀이치료에서 응고를 나타내는 소품들로는 창조와 관련된 것들, 즉 지구(땅), 쌓아 올린 흙(언덕, 무덤 등), 식물의 성장(꽃, 씨앗 등), 정원, 달걀, 오븐, 요리하는 것(탄생을 뜻하는 생일 케이크 등), 예술, 임신, 건축 등 건강한 자아기능이 발휘되면서 새로운 태도가 나타난다(Jackson, 2007b).

» 상승 또는 승화

연금술에서 연소가 불, 용해가 물, 응고가 대지와 관련된 것처럼 상승(승화)은 공기와 관련된 작업으로 휘발에 의해서 물질을 기체로 변환시킨다. 승화는 열을 가하면 내부에 있던 고체가 기체가 되어 용기의 꼭대기로 올라가 결정체가 되는 작업으로 증류도 이와 비슷한 과정이다. 이때 고체와 액체에 따라서 조금씩 다른 형태가 나타나지만 둘 다 상승 작업이다.

'상승(sublimatio)'이라는 용어는 '높음'을 의미하는 라틴어 'sublimis'로부터 유래했다. 상승의 특징은 위로 올라가는 것이며 이는 아래의 물질이 위로 향하는 움직임에 의해 더 높은 형태로 변환되는 것과 관련된다. 심리적인 것과 가치의 함축적인 것이 상승의 상징에 속하듯이 아래에서 위로 올라가는 것으로 사다리, 계단, 엘리베이터, 등반, 산, 비행 등과 관련된 모든 이미지는 상승의 상징에 속한다(Jackson, 2007b).

상승 작업은 현실적인 존재를 제한하는 얽힘, 그리고 그것의 구체적 · 개별적 특수성 등을 위에서 거리를 두고 보게 한다. 우리가 높이 올라갈수록 시야가 웅대해지고 이해의 폭이 넓어지지만, 그것은 실제적인 삶으로부터 그만큼 멀어지게 해 우리가 지각하는 것에 영향을 미칠 수 있는 힘도 줄어들게 한다. 우리는 웅대해지지만, 수동적이고 무기력해진다. 상승의 추출과정은 분리와 중첩되기도 한다. 예를 들어 어떤 혼합된 물질을 가열하여 수은이 추출될 수 있다. '추출된 수은'은 상승에 의해 이루어지고 이는 물질 내에 숨겨진 영을 해방시킨다. 수은의 추출은 넓은 의미에서는 근원적인 무의식 상태로부터 자기를 구원하는 것이라 할 수 있고, 작은 의미로는 무거운 분위기, 구체적 사건들 또는 자연의 실제로부터 의미를 뽑아내는 것으로 나타날 수 있다.

상승 작업은 직접적이고 현실적인 존재를 제한하는 얽힘 그리고 그것의 구체적 · 개별적 특수성 등을 위에서 거리를 두고 보게 한다. 하늘은 영원한 정신적 형태, 보편자, 원형의 이미지가 사는 곳이다. 그래서 꿈이나 삶의 상황을 원형적인 관점으로 해석하는 것은 상승 작업을 활성화시킨다. 여기서 연금술이 상징하는 상승과 프로이트의 승화(sublimatio)이론과는 전혀 관계가 없다는 것을 언급하려 한다. 정신분석학에서 '승화'라는 용어는 '사회의 요구에 순응하기 위한 방법으로 본능적 충동을 수정하는 과정'이다. 즉, 승화는 원래의 형태로는 용인되지 않는 유아적 충동에 어느 정도 만족을 주는 대체 행위이다.

융은 다음의 구절로 연금술의 상승과 프로이트학파의 승화를 구별했다. "상승은 순금이 만들어지는 고귀한 기술의 한 부분으로 불과 검은 원질료를 필요로 하는 연금술적 변형에 관한 것으로 하나의 거대한 신비이다. 프로이트는 이 개념을 전용(轉用)하여 합리적인 사조를 위해 강탈해 갔다"라고 융은 자신의 서신에서 비교하였다.

그래서 상승은 '갈아냄' 또는 '망치질'하여 재료를 가늘고 정교하게 하거나 미세한 가루로 만드는 것을 의미할 수 있다. 갈아낸다는 것의 상징적 의미는 종종 좋음과 나쁨의 도덕적 범주를 포함한다. 좋고 순수한 가루를 만들기 위해서는 수많은 정제작업이 필요하다. 이 작업은 빨리 진행될 수 없는 것으로 여러 번의 반복 작업이 필요하다. 즉, 상승은 흰색 단계의 정화과정과 관련되고, 좋은 것이 된다는 것은 가루로 잘 만들어지는 것을 의미한다.

상승은 정화로 기술된다. 상승은 높은 곳에서 자신을 객관적으로 볼 수 있는 역량으로 해리(解離)의 능력이다. 높은 곳으로의 상승은 땅에서 얻을 수 없는 시각을 주어 자아가 자신의 문제나 감정에 대하여 가장 적절한 표현을 할 수 있도록 객관적 견해나 통찰력을 갖게 한다. 그리하여 그 상반된 것들이 서로 반복적으로 경험되다가 마침내 화해와 일치에 도달하게 됨을 의미한다.

모래놀이치료에서 승화를 상징하는 소품들은 사다리, 계단, 높게 올려진 소품들이나 카메라를 가지고 있는 소품들, 독수리(멀리 내려다볼 수 있는 것), 산이 있다. 그리고 풍차, 범선, 등대, 비행기, 깃털같이 공기와 관련된 것, 천상으로 올라가는 다리가 되는 십자가, 하늘로 올라가는 모습 등이 있다(Jackson, 2007b). 탑의 이미지 또한 전형적인 상승의 상징이다.

» 죽음

연금술에서 죽음은 암흑(nigredo)에 해당되며, 물질들이 원래의 상태로 돌아가기 위해 초기의 형태가 사라지는 것으로 가장 거부적인 활동이다. 사전적 의미의 죽음이란 "한 생명체의 모든 기능이 완전히 정지되어 원형대로 회복될 수 없는 상태"를 말한다. 죽음의 주제는 그리스도의 수난과 직결된다. 그는 조롱받고 채찍질과 고문을 당하고 죽음에 이르게 된다. 연금술사들은 때때로 그리스도가 받은 수난과 연금술 용기 안에 담긴 재료가 거쳐야 하는 과정을 그대로 연결시켰다. 이 성스러운 인간 신 예수그리스도는 하늘의 뜻에 따라 고난의 용광로인 괴로움과 수모와 고통을 겪어야 했고 그 과정에서 그의 외모는 변화를 보였다(Edinger, 2015).

'죽음'과 '부패'라는 용어는 그 뜻이 서로 중복되는 말이지만, 같은 작업의 다른 측면을 말하고, 죽음이라는 용어는 화학적 준거가 전혀 없다. 종교적 금욕주의에서 사용하는 죽음은 참회, 금욕, 혹은 육체에 가혹한 고통을 줌으로써 열정과 욕망을 극복함을 뜻한다(Webster 사전). 부패는 '썩어가는' 것이며 곧 죽은 유기체를 분해하는 과정으로 이것은 연금술사 대부분이 관심을 가졌던 무기화학적 활동의 고정은 아니다. 하지만 시체, 특히 인간 시신이 부패되는 것을 목격해야 했던 중세기 사람들에게 '부패'는 생소한 경험은 아니더라도 심리적으로 강한 영향을 주었을 것이다. 부패의 의미를 가장 잘 경험할 수 있는 것은 하나의 밀알이 죽어 많은 열매를 맺을 수 있다는 요한복음 구절이다. 이 말은 더 많은 수확을 위해 자신이 죽음을 선택하는 것을 의미하며, 심리적으로 의식이 인간의 정신적 위로, 도덕적 가치관을 위해 무의식에 침범해 스스로 바쳐지는 죽음을 선택하여 자신을 부족한 상태에 있게 하는 것이다. 발아와 부패, 암흑으로 변하는 빛, 죽음과 탄생, 이런 모든 것은 매월 죽음과 재생을 반복하는 달의 상징적 영역에 속한다. 자아는 실질적인 실체 혹은 진실을 취하지만 부패와 죽음의 대상이 된다.

연금술의 대작 초기에 나타나는 어둠은 연금술의 출발점으로 빛으로 변화한다. 그 과정에서 검은 것은 시작이고, 흰 것은 중간의 가슴이고, 붉은 것은 모든 일을 끝내는 것이다(Jung, 2004a). 죽음의 의미는 삶의 끝이지만 한편으로는 새로운 존재로 변환하는 것이다. 즉, 죽음은 육체에서 혼(seele)이 떠나 정신적인 것이 되는 것을 의미하기도 하고, 다른 한편으로는 어머니의 영역으로 돌아가는 퇴행이기도 하다. 이것은 자아가 자궁으로 되돌아가 해체되고 그로부터 다시 태어나는 변환이 이루어지는 것이다(이유경, 1996). 이는 검음으로부터 오는 치유의 힘을 통해 탄생하는 것으로, 상처를 통한 치유를 의미한다. 융의 연금술과 관련된 삽화에서 죽음에 관한 주제는 해골, 용, 두꺼비, 왕, 태양 및 사자 등이다(신미경, 2013).

심리학적으로 검음의 상태는 자아가 죽는 것을 의미하는데, 이는 의식의 경계를 무너뜨림으로써 오래된 행동 패턴들이 완전히 사라지는 경험을 하는 것과 유사하다. 자아가 이것을 죽음이나 패배로 인식하는 반면에 정신 심층의 중심인 자기는 이것을 자유로운 해방으로 인식하게 된다(Mitchell, 2012). '자기의 경험은 항상 자아를 정복하는 것이다. 무의식으로부터 오는 투사의 내용을 통합하는 것은 언제나 자아의 심각한 손상을 포함한다. 연금술에서 이것을 죽음, 절단, 중독의 상징을 통해 표현한다(Edinger, 2015).'

모래놀이치료에서 죽음을 상징하는 것들은 죽음, 시체, 해골, 무덤, 십자가, 검은색, 나체, 폐허, 뱀, 거미, 곤충, 나목(裸木), 폭풍, 홍수, 파괴 등이다. 모래작품에 죽음의 상징들이 나타난다는 것은 이제 이 모래놀이가 전환점에 들어섰고 곧 한 무리의 자기가 출현할 것을 알려준다(Jackson, 2007b).

» 분리

연금술에서 분리는 미분화된 성분으로 단단한 혼합체로 구성된 원물질에서 여러 가지 부분들과 원소를 구분하는 분리 작업을 요하는 것을 말할 수 있다(Jung, 1983). 분리란 차별하고, 구분하고, 고르고, 순서를 정하는 등의 일련의 행위를 말한다. 연금술사들은 분리를 위해 여과법, 침전법 그리고 심지어는 천연원심 분리기까지 사용한다(Coudert, 1995). 분리는 연금술 용기 안에서 많은 물질이 가열될 때 증발하게 되는 휘발성 물질과 거친 찌꺼기를 남기는 것에서 시작된다.

바다와 대지 그리고 하늘이 있기 전 혼돈의 상태에서 사물은 일정한 형태가 없었고, 모든 사물은 그 속에서 뒤섞여 있는 상태였다. 신 또는 자연이 하늘로부터 땅을 떼어오고 땅으로부터 바다를 분리하여 우주가 나타나는 과정을 분리의 기원으로 보았다. 창조신화에서는 종종 우주가 우주를 상징하는 하나의 알로 시작한다고 말한다. 창조된 알은 남녀가 하나로 합쳐진 상태로 그것은 2개로 나누어진다. 최초의 부모분리에서 우리는 자주 전의식적인 단위(preconscious unit)의 분리를 뜻하는 알의 분리와 같은 주제를 발견한다. 많은 우주의 기원신화에서 남녀는 자웅 동체적 존재로 그 안에서 가장 먼저 분리가 이루어지며, 하늘과 땅이 분리되어 세상을 창조하기 위한 공간이 만들어진다.

분리에 의한 창조는 넷으로 표현된다. 세상의 창조는 첫 물질인 혼돈(chaos)에서 네 가지 원소로 나뉘는 것으로부터 시작된다. 신은 혼돈으로부터 불, 공기, 물, 대지를 4원소로 분리하고 그것들을 통해 더 위대한 세상을 만들었다. 4개의 원소로 분리한다는 것은 주어진 경험에 네 가지 기능, 즉 감각, 감정, 사고, 직관 등을 갖게 된 경험에 비추어보는 것과 같다(Abt, 2008; Jung, 2004). 감각(sensation)은 사실이 무엇인지를 말해주고, 감정(feeling)은 우리가 그 사실을 좋아하는지 아닌지에 대해 말해준다. 사고(thinking)는 그 사실이 어떤 일반적 개념에 해당하는지를 말해주며, 직관(intuition)은 그 사실이 어디서 비롯되었으며 어디에 이르게 될지 그리고 다른 사실들과는 어떤 관계인지를 제시하는데, 이는 확실성이 아닌 가능성을 보여준다고 하겠다.

신은 로고스(logos)를 투사하는데, 이 로고스는 단위소(單位素)로 분리를 위한 강력한 칼과 같은 특성을 가진 것으로 상징화된다. 로고스는 탁월한 대행자로서 안과 밖에서 자르고 이름 짓고 범주화하는 역량에 의해 의식과 자연을 극복하는 힘을 준다. 분열의 여신 에리스(Eris)의 황금사과는 전쟁을 야기하며, 비교, 판단, 선택해야 하는 시련에 직면하게 된다. 이러한 과정들은 정신적으로 전진하게 하여 의식이 자기와 연결되게 할 수 있다는 것을 시사한다. 또한 황금분할은 대극을 분리시킬 수 있는 특정한 방법이 있음을 표현하고, 그것은 매우 흥미로운 분리 작업의 상징이다. 그 가치는 황금이라는 용어와 아름다운 비율이라고 한 것에서 확인된다. 아리스토텔레스는 윤리적인 맥락에서 "도덕의 덕목에는 중용이 있다고 하면서 모든 것의 중간을 찾기란 쉽지 않고, 원의 중심점을 발견하는 것은 그것을 아는 사람만이 가능하다"고 말하고 있다. 중용의 이미지는 심리학적으로 자기에 대한 자아의 관계를 상징적으로 표현한다고 이해할 수 있다. 황금분할은 인간의 삶에 다양하게 사용되는 것으로 누구나 편안함을 느끼게 하여 안정적인 심리를 반영한다. 피라미드를 황금분할이 가장 잘 이루어진 공간으로 말할 수 있다. 이 기하학적 비유담은 기독교의 삼위일체론이 가지는 것과 동일한 신비를 담고 있다(Edinger, 2015).

죽음은 분리 작업을 가장 잘 설명할 수 있는 상징성을 가지고 있다. 육체에서 혼이 떨어져 나와 분리하게 되면 몸체는 죽게 된다. 이것은 생명체에서 모든 것을 철수시키는 것에 해당하며 애도의 과정이 수반된다. 따라서 사랑하는 사람의 죽음은 개성화 과정의 한 측면이라 하겠다. 연금술에서 분리는 마지막 과정이 아니라 좀 더 위대한 결합을 위한 필연적인 시작 혹은 중간의 작업이다. 분리가 완성되었을 때, 비로소 정화된 대립쌍들은 화해하여 합일이 일어난다. 이것이 대작의 목표이다(이유경, 1996).

소크라테스 이전 시대 철학자들에 의해 발견된 대극은 서구인의 의식적 진화에 중요한 역할을 하였다. 피타고라스는 인식의 구분을 통해 10개의 양극성을 확립했다. 그는 제한 대 무한, 홀수와 짝수, 하나와 다수, 오른쪽과 왼쪽, 남과 여, 정적임과 동적임, 직선과 곡선, 빛과 어둠, 선과 악, 정사각형과 직사각형으로 분리한다. 이러한 구분은 내가 아닌 것에서 나를 의식하는 존재가 되는 것으로 분리는 양극성을 나타내는 첫 번째 작업이다. 이 의식 공간은 인간의 의식적인 자아가 살아가고 성장하는 공간이다(Edinger, 2015).

분리의 다른 의미로 내(I)가 나 아닌 것(not-I)으로부터 분리하는 것, 즉 주체가 객체로부터 분리되는 것은 의식적인 존재로 인도하는 초보적인 분리에 해당된다. 분리 작업은 심리치료에 있어서 매우 중요한 요소로, 주체와 객체가 분리되는 과정이 중요하게 다루어진다. 이때 미성숙한 자아는 내면세계뿐 아니라 외부세계와의 관계에도 머물러 있기 때문에 오랫동안 주체와 객체의 분리과정을 거치면서, 그 밖의 다른 대극의 쌍들과 탈동일시되는 현상이 함께 일어난다. 일반적으로 의식의 영역에서 일어나는 많은 것들이 분리의 기능과 연결된다. 예를 들면 숫자 세기, 무게 달기, 측정하기, 기하학적 도형 그리기, 일정한 법칙에 따라서 거리를 재고 건물을 세우는 것, 저울이나 자를 사용하는 것 등이 있다.

심리학적으로 이것은 구체적이고 사실적인 측면을 경험한 리비도와 그것의 내적 상징의 의미로 분리해야 한다는 것이다. 심리치료에서 흔히 볼 수 있는 문제는 현실적으로 결정해야 할 때 따르는 상반된 감정이나 가치가 함께 나타나는 것이다. 이런 갈등의 기저에는 이러한 행동이 고착되어 있거나 사고의 경직성과 상징적 의미 사이에 판별력 부족이 원인이 된다. 예를 들어 이혼할 생각이 있는 사람이 실행하지 못하는 것은 배우자와의 실제적인 이혼보다 상징적인 이혼때문으로 심리적인 분리를 해야 하기 때문이다. 이 과정에서 분리는 어떤 문제로부터 혼란스러운 감정과 주제들의 현실이라는 다른 두 차원이며, 이 두 가지는 서로 구별되어야 하고 분리해 고려되어야 한다. 이러한 분리가 일어나면 객관적인 결정에 쉽게 도달하게 된다. 우리는 삶에서 결혼을 해야 할지, 가족 간의 경계를 어떻게 할 것인지 수많은 문제를 다루어야 한다. 상처나 문제들이 있을 때 그 안에서 조금씩 필요한 것을 찾아내고 분리해야 한다(Mitchell, 2012).

모래놀이치료에서 분리는 모래를 체로 걸러내 가는 모래와 굵은 모래를 고르기, 순서 정하기, 구역을 나누거나 경계를 짓는 행위, 가운데 물 만들기, 한 집단으로 묶기, 숫자 세기 등의 행위로 나타난다. 모래작품들에 나타나는 소품들은 칼, 저울, 숫자, 글자, 울타리, 벽, 경계선이나 반대되는 것들을 둘씩 하나로 묶어서 표현한 것들이다(Jackson, 2007b; 신미경, 2013, 재인용).

» 합일

합일은 대작의 정점이다. 역사적으로나 심리적으로 합일은 외향적인 측면과 내향적인 측면을 모두 가지고 있다. 외향적인 측면의 합일은 연금술사들이 물질의 화학적 결합에 매료됨으로써 이것이 현대 화학과 핵물리학으로 발전되었고, 내향적 측면의 합일은 무의식의 심상과 그 과정에 대한 관심을 불러일으켜 20세기 심층심리학을 이끌어가는 것으로 발전되었다.

합일이 가지고 있는 풍부하고 복합적인 상징성을 이해하기 위해 소합일(小合一, lesser coniunctio)과 대합일(大合一, greater coniunctio)로 구분하는 것이 바람직하다. 소합일은 아직 완전히 분리되거나 구별되지 않은 물질들의 결합이나 연합으로써 항상 죽음이 뒤따른다. 반면에 연금술에서 보여지는 대합일은 부분들의 결합에서 전체로 나아가는 원리이다. 이때 각 부분들은 전체성을 잠정적으로 알고 있기 때문에 하나로 모아질 수 있어서 원래 전체성이 매개의 주인공이 된다(이유경, 1966). 연금술 대작의 목표는 '현자의 돌, 황금, 스며드는 물, 팅크제(tincture)' 등으로 다양하게 불리는 기적의 물질을 창조하는 것이다. 이는 잘 정제된 마지막 결합이며, 최고의 가치를 지닌 대합일의 결과물이다.

'현자의 돌'은 우주의 기본 4원소가 결합된 것으로 '필멸의 존재에게 생명을 주고 모든 타락한 것을 정화하며, 단단한 것을 부드럽게 만들고, 부드러운 것들을 굳어지게 만드는 힘을 가지고 있는 돌'로 묘사된다. '현자의 돌'이라는 용어는 그 자체가 대극의 합일이며, 지혜를 의미하는 정신적인 것과 자연 물질 그대로인 것의 결합이다. 따라서 이것은 정신적 가치와 더불어 삶에서 의식적 인격의 일부로 경험되는 구체성과 실체성을 포함한다. '이것은 심적인 치료제로 우울을 극복하게 하고 풍요와 건강을 가져온다.' 연금술에서 소합일과 대합일 등을 왕복하면서 목표를 지향하듯이 모래놀이치료 과정에서도 의식이 전진과 퇴행을 교차하면서 심리적 성장과 치유의 과정을 거치게 된다.

합일은 한 개인의 인격 안에 내재하는 대극의 대결을 통해 몸과 정신의 하나로 융합되는 것을 말한다. 이렇듯 한 사람의 자아와 자기가 조화롭게 관계가 형성된 합일은 서로 다른 입장으로 대치되었던 것들을 아우르는 것으로 이는 우주적 대극의 합일에 해당한다고 할 수 있다.

심리치료 과정에서 일어나는 합일에 대해 내담자의 문제 전이를 연금술에서는 투사와 관련해 다루고 있으며, 여기서 우리는 이 대극 사이에서 끊임없이 흔들린다. 그러나 점진적으로 새로운 견지가 태어나면서 대극은 동시에 결합하게 된다. 이 새로운 견지가 합일이다. 합일은 '치료사와 내담자 사이에 나타나는 문제인식의 차이를 협력하는 작업으로 공동 목표의 발전을 위해 의식과 무의식의 이해와 협력이 이루어진다. 이는 내담자의 무의식에서 발견되는 적대적이고 갈등적인 경향들이 해소되면서 통합이 이루어지는 것을 말한다. 완전히 감각적이거나 물질적인 것과 완전히 정신적인 것의 점진적인 합일로 덜 편향적인 태도를 만드는 것이다(Samuels, Shorter&Plaut, 1986).'

'현자의 돌'인 정신의 전체성을 이루는 것이 연금술의 마지막 단계이다. 현자의 돌은 정신의 실체에 대한 현대적인 발견의 선구자라 할 수 있다. 일단 현자의 돌(지혜의 돌)이 창조되면 기본 물질을 고귀한 물질로 변형시키는 힘을 가지게 된다. 이때 서로의 대작(mutual opus)이 이행되고 있는 중이라는 깨달음이 명료해지고, 자아는 의미 있는 삶을 살아가기 위하여 무의식의 안내와 지침을 필요로 한다. 그리고 원질료에 갇혀 있던 '현자의 돌'은 의식적 자아의 현실적인 노력으로 그 자체가 현실 속에서 실현되는 것을 필요로 한다. 그들은 함께 우주에 보다 많은 의식을 창조하기 위하여 위대한 기술을 만들고 있다(Edinger, 2015).

연금술에서 합일에 대한 주요 상징적 이미지는 태양과 달 사이의 결혼이나 성교, 또는 대극의 다른 종류의 의인화이다. 이러한 이미지는 전체 흐름에 따라서 소합일이든 대합일이든 합일을 가리킨다. 그러므로 때때로 이 두 가지의 구분이 힘들 수도 있으며, 모래작품에서도 두 가지가 혼합되는 경우가 많다. 모래놀이치료에서 합일을 나타내는 상(像)들로는 한 쌍으로 표현된 반대의 것들, 교량, 결혼 혹은 신랑 신부, 성스러운 아기, 만다라 혹은 성스러운 소품, 원과 네모, 하늘과 땅을 이어주는 예수님 등이 있다(Jackson, 2007b).

5 *

연금술사

연금술사들은 꿈, 환상, 상상, 명상을 통해서 비전(vision)을 얻었고, 그것을 따라 작업하면서 자신이 궁극적이고 높은 가치를 가진 것을 찾는 성스러운 작업에 전념하고 있다고 생각했다. 다른 한편 연금술사들의 작업은 미지의 것에서 출발하여 미지의 것으로 나아가는 과정이었다. 따라서 그들은 화학적 변화가 일어날 때마다 새롭게 만들어진 물질과 그 의미를 파악해야 했다. 그래서 연금술사들은 새롭게 전개되는 양상 앞에서 종종 묵상(meditation)을 했다. 이때 그들의 묵상은 단순한 반성(reflection)이 아니라 눈에 보이지 않는 외부의 타자인 신이나 천사들과의 대화였다. 그런데 연금술사들에게 신이나 천사는 외부적인 존재가 아니라 그들이 내면에 있는 정신적인 내용을 외부에 투사시킨 존재였다. 그들은 무의식에 있는 강력한 정신 내용을 신에게 투사시켰고, 그 신과 대화를 하면서 화학 실험을 했던 것이다. 그러므로 연금술사들의 묵상은 그들이 자신의 내면에 들어가서 내면의 목소리를 듣는 것, 즉 내적인 대화였던 것을 알 수 있다. "연금술사 등이 했던 묵상은 창조적인 대화다. 그것을 통해서 사물들은 무의식의 잠재적인 상태에서 명료하게 드러나는 상태로 들어간다." 이렇게 될 때 연금술사들이 행했던 내향적인 전통은 물질을 통한 적극적 상상(imagination active)과 같은 것이 된다. 왜냐하면 연금술사들은 상상이나 묵상을 통해서 무의식에서 떠오르는 심상(心象)들을 만났고, 증류기나 도가니 속에서 그것들을 만들려고 했기 때문이다(김성민, 2012).

연금술사들은 자연을 대상으로 작업하며 물질적 변화를 통하여 최고의 어떤 것을 만들고자 궁리하는 동안에 저도 모르게 물질적 변화와 그 변화의 목표에 자신의 무의식을 투사하게 되었다. 그러므로 밖에서 일어난다고 본 물질적 변환은 그 대부분이 연금술사 자신의 무의식에서 일어나고 있는 개성화를 향한 변환의 과정을 상징적으로 표현한 것이다. 융은 연금술사의 황당무계한 설명과 주장에서 이 내적인 심적 과정을 발견하였고 그것이 시대와 문화적 특성을 넘어선 인류의 보편적, 원초적 상징임을 증명하고자 하였다(Jung, 2015a).

연금술사들은 단지 물질로서의 금보다 좀 더 높은 차원의 금, 다시 말해서 물질 속에 있는 신적 본성을 찾으려고 했음을 알 수 있다. 연금술사들이 또 다른 이름으로 '현자의 돌'이라고 부르면서 물질의 신성과 그 신비적 변환과정을 찾으려 했던 것은 그 때문이다. 이와 같은 배경을 가진 연금술은 그 당시 헬레니즘 사회에 널리 퍼져 있던 영지주의(gnosticisme)와 기독교의 영향을 받으면서 발달했다. '영지(la gnose)'란 신비적 융합을 통한 인식을 의미하는데, 영지주의는 그런 지식을 추구하는 종교혼합주의 운동이었다.

연금술사들은 어떤 금속을 아주 오랜 세월 동안 가열하면 그 금속 특유의 물질적 특성은 전부 발산되고 그 자리에는 오직 만물의 정기만이 남게 될 것이라고 믿었다. 그들은 최종 물질이 모든 사물의 의사소통을 가능하게 해주는 언어이므로, 이 물질을 통해 지상에 존재하는 모든 것들을 이해할 수 있으리라 믿었다. 그들은 이렇게 해서 발견한 물질을 '위대한 업'이라 불렀다.

'위대한 업'의 액체로 된 부분은 '불로장생의 묘약'이라 불리며, 고체로 된 부분은 '현자의 돌'이라 불린다. '현자의 돌'을 발견하기란 결코 쉬운 일이 아니었다. 연금술사들은 금속을 정제하는 불꽃을 바라보면서 몇 년을 실험실에 틀어박혀 있어야 했다. 불꽃을 바라보는 동안 그들의 머릿속에서는 세상의 모든 헛된 잡념들이 조금씩 사라졌다. 그리고 금속을 정제하면서 결국 그들 자신이 정화되었다는 것을, 어느 날 문득 깨달은 것이다(Coelho, 최정수 역, 2002).

모래놀이치료에서 자기실현의 목표와 연금술에서 정신적 가치를 의미하는 '현자의 돌'을 찾는 작업은 다음과 같은 공통점이 있다. 연금술 용기와 모래상자는 여성의 원리를 기초로 하는 것으로 둘 다 변환이 일어나는 중요한 장소이며, 연금술사와 치료사는 은유적으로 표현되는 물질과 정신의 변화 작업을 다루고 심리적 비전을 전달하는 무의식의 이미지를 의식화해야 하는 쉽지 않은 경험을 하게 된다. 이때 단절되었던 의식과 무의식이 연결되고 대극의 긴장이 풀어지면서 새로운 이미지로 통합되는 정신의 성숙과 변환이 이루어진다(Jung, 2007).

연금술사들은 새로운 탄생의 결과 생겨난 안트로포스를 또 다른 말로 '현자의 돌'이나 '현자의 아들' 등 여러 이름으로 불렀다. 그러면서 융은 현자의 돌에 대해서 명확하게 알 수 없고, 다만 믿을 뿐이라고 주장했다. 이러한 관점에서 살펴볼 때 현자의 돌은 원형으로서의 자기다. 인간의 내면에 있는 초월적이고 신적인 중심으로서 자아보다 먼저 존재하기 시작하였고 운명의 비밀스러운 영적 안내자(esprit-guide)로서의 전체성인 것이다. 개성화 과정에서 사람들은 연금술사들이 여러 가지 작업을 하면서 현자의 돌을 얻듯이 정신 에너지를 자기에게 집중시켜서 자기를 실현시켜야 한다. 인간의 무의식에는 자기에게서 비롯되는 통합의 기능이 있기 때문이다. 사람들이 자기에게 의식적으로 관심을 기울이고 그것이 실현되도록 노력할 때 비로소 자기는 의식적 인격의 일부가 될 수 있다. 그래서 융은 인간 정신의 궁극적인 목표는 자기의 실현이라고 주장하였다(von Franz, 1989).

제3부

모래상자 모래놀이치료 사례

*

소년의 이상한 나라 여행

모래 속에 비친 나

오늘은 미래의 통로

불안 우울 자아존중감 회복

사별의 아픔을 딛고

1 *

소년의 이상한 나라 여행

키가 크고 어색한 웃음을 머금은 소년은 어머니와 이상한 나라를 찾았다. 소년은 C시의 고등학교에 재학 중인 17세 남학생으로 큰 키(183cm)에 마른 편으로 평범해 보이는 학생이다. 소년은 중학교에 진학한 후 사춘기를 맞으면서 말수가 부쩍 줄어들었고, 2학년 초부터는 그들이 즐기는 게임 랜드에 입성하게 되었다. 소년의 아버지는 그 세계에 들어와본 경험이 없기 때문에 게임 랜드를 이해하지 못했다. 게임 랜드를 이해하지 못하는 아버지는 소년과 자주 충돌했다. 소년은 이렇게 즐겁고 행복한 세계를 이해하지 못하는 아버지에게 반항하는 등 감정이 폭발하는 문제행동까지 보여 가족들을 놀라게 했다. 부모는 소년을 데리고 대학병원 신경정신과에 가서 검사를 받았고, 그 결과 사춘기성 분노라는 것을 알게 되었다. 소년은 군 단위의 중학교에서 시 지역의 인문계 고등학교로 진학한 후 성적 부진과 환경 변화로 인한 스트레스로 동급생들과 어울리지 못하고, 또래들과 잦은 다툼을 보인다든가 소리를 지르는 등 분노조절의 어려움을 보였다. 집에서는 학교에서 받은 스트레스, 성적 부진으로 인한 압박감 등 스스로 감정을 조절하지 못하여 고등학교 입학 기념으로 새로 산 노트북을 던져 못 쓰게 만든다든가 어머니를 밀치는 등의 행동을 보였다. 소년의 부모는 학교에서 분노 및 감정조절을 못하는 과잉행동으로 또래들에게서 집단 위협을 당할 것을 염려한 소년의 담임선생으로부터 예방 차원에서 분노 및 감정조절을 위한 상담을 받을 것을 권유받았다. 소년의 부모는 이상한 나라의 연금술사에게 이러한 상황을 설명하며 상담을 요청했다. 연금술사가 요청에 응답한다는 것은 이미지를 만드는 첫 단계를 의미한다. 첫 단계에서 소년은 자신이 직면하고 있는 문제에 대한 통찰력뿐만 아니라 자신의 자원과 장점을 연금술사에게 제공하면서 연금술의 작업과정으로 여행을 떠나게 된다.

소년은 이상한 나라를 조용히 둘러보면서 부모가 하는 이야기를 듣고 있었다. 연금술사는 소년에게 "부모님의 생각과 이야기는 들어보았는데 너의 이야기를 스스로 말해줄 수 있을까?"라고 물었다. 연금술사는 소년이 스스로 말할 것을 기대했지만 소년은 말하는 대신 시선을 피했다. 소년의 부모는 아들의 학교생활을 담임선생에게서 자세히 듣고 아들의 분노 및 감정조절을 걱정하며 상담요청을 들어달라고 하였다.

소년기에는 여러 가지 크고 작은 문제가 나타날 수 있다. 그중에서도 정신건강과 관련된 소년의 문제는 분노, 화, 우울정서 등과 밀접한 연관이 있다(전은청 · 이해진 · 이진숙, 2012). 분노는 자기보호를 위한 에너지로 그 표현은 인간에게 지극히 정상적인 행동이며, 일종의 의사소통 방식이고 정서적 스트레스 반응이다. 그리고 분노는 상처받는 것에 대한 반응이며, 개인의 가치와 자신이 지키고자 하는 신념에 대한 표현(Carter&Minirth, 1993; Willhite&Cole, 1993)이다. 분노가 제대로 표현되지 못하고 타인 및 자신을 향하여 파괴적인 공격성을 나타낼 때, 자기 자신은 물론이고 대인관계에서도 많은 문제점이 발생하게 된다. 분노조절은 개인 내적으로나 또래관계에서나 모두 필수적인 기본적 발달과제이다. 그래서 분노조절의 발달은 내적 · 외적 요인의 영향을 모두 받는다. 건강하게 분노를 조절하는 법을 배우는 것은 많은 시간이 걸리지만, 분노를 조절하는 능력은 성숙과 더불어 아동의 정서에 대한 양육자의 반응에 의해서도 발전한다(김숙희, 2013).

무엇보다도 소년기에는 사회로부터 요구되는 지나치게 큰 기대와 자신의 무능, 타인의 무관심으로 인해 실망하고 낙담하게 되어 쉽게 기분이 변하게 된다. 하지만 소년들은 아동기 이래로 자신의 감정에 대해 인식하고 자신의 감정을 표현하며 다른 사람들과 정서를 나누는 것에 대해서 실제로 배우지 못하기 때문에 다양한 문제에 직면할 수도 있다. 소년기에 자아통제를 통해 정서조절 능력을 함양하지 못한 소년은 분노, 열등의식, 자기중심적 사고로 인해 긍정적 사고보다 부정적 정서를 가지게 되며, 상황에 적절한 정서표현 및 조절에 문제를 갖게 된다. 그러나 현재 소년들은 자신의 감정을 표현하고 능동적으로 행동하는 것보다 수동적이고, 자기표현을 방어하는 데 더 익숙하다고 볼 수 있다. 지속적으로 표현되지 못한 정서표현은 욕구불만으로 이어져 심각한 경우에는 문제행동을 초래할 수도 있게 된다(김미순, 2014).

소년들이 분노표출로 문제행동을 보일 경우 성장기에 있는 그들 자신의 분노를 효과적으로 조절하고 통제하는 것은 자신의 건강한 삶의 질 향상은 물론 긍정적인 사회적 행동의 기본이 될 수 있으므로 소년의 분노조절을 돕기 위해서는 다양한 프로그램을 이용하는 것이 요구된다.

다양한 프로그램 중 미술치료와 모래놀이치료는 둘 다 시각적인 이미지를 만드는 치료요법이지만, 역사적으로 다른 기원과 위상을 가지고 있어 최근까지 치료영역 안에서 각기 다른 매체로 사용되어왔다. 모래, 물 미술, 그리고 미술치료의 융합은 문자가 생기기 이전의 감각적 기억을 되살아나게 하고, 깊은 무의식 속에 있는 자연에 대한 기억을 떠올리게 한다. 미술은 파악하기 어려운 형상을 구체적으로 형상화하는 것을 가능하게 하며, 모래를 형상화하고 미술의 상징성을 통합시킴으로써 창조된 모래세계를 미술적이고 즉각적인 '그림'으로 이해한다. 선택과 배치로 창조하는 미술치료 관점에서의 모래놀이는 내부 심상의 원천과 접촉하고, 모래와 물로 나누는 조형적 대화를 촉진시키는 힘이 있기 때문이다(Steinhardt, 2010).

미술치료는 소년의 심리적 요구를 적용하며, 비협조적이고 저항적인 소년을 향한 사회의 편견을 수정하고 변형시키는 기회를 제공한다. 미술은 치료적 도움과 지지를 바탕으로 새로운 이해와 직관을 촉진시킬 수 있으며, 이는 문제를 해결하는 동시에 갈등을 해소하고 긍정적 변화와 성장, 치료를 이끌 수 있는 새로운 개념을 형성하도록 도와주며(Malchiodi, 2008), 미술치료 영역은 상담, 심리치료, 생활지도, 재활치료 및 재활교육 등에서 미술이라는 공통된 매체를 활용하여 갈등 해소와 승화, 성장, 긍정적인 변화를 가져온다(문채련 · 이현주, 2015). 미술치료 프로그램은 현재 상담의 현장에서 다양한 형태로 활용되고 있다.

미술치료 세팅 안에 융의 모래놀이치료를 포함함으로써 미적으로 숙고하고 통합하는 창조적인 과정으로 모래놀이를 포함하여 치료를 강화할 수 있다. 모래놀이치료는 모래상자를 이용한 기법으로 모래놀이를 하면서 동화세계 속으로 들어가 정신과 영혼이 자유롭게 창조하는 과정을 통하여 내담자가 자신의 그림자를 찾아 떠났다가 많은 경험을 하고 다시 현실로 돌아오는 마음의 여정이다(문채련, 2010). 모래놀이치료가 주목하는 것은 인간의 정신, 즉 의식과 무의식의 상관관계를 다룬다는 점과 의식에서 억압된 심리적 내용뿐만 아니라 인간 마음의 중심, 전체성의 상징인 자기원형의 깊은 심적 내용까지 포함하는 것이다.

이상한 나라의 연금술 여정에는 많은 것이 준비되어야 한다. 연금술 작업 과정은 그 순서가 연금술사마다 조금씩 다르다. 모래놀이치료와 연금술은 개성화를 목표로 하며, 아주 사소한 질료를 통해 깊은 심층의 활동을 다루는 것으로 느리게 진척되는 실험이다. 개성화 작업이 성공하기 위해서는 질료들을 연금술 용기에 넣어야 하고, 그다음에 열이 가해져야 한다.

여러 소품을 활용하여 모래상자 안에서 내담자의 내면세계를 경험하는 심리치료기법인 모래치료는 무의식에 정리되지 않은 채 침전되어 있는 심리적 상처와 분노, 좌절 등을 맘껏 분출하게 하고, 자아가 자신의 그림자를 자각하게 되며 자기를 만나는 계기를 얻기도 한다(최진아, 2008). 김보애(2015)는 심리적 불안과 약물 남용, 도벽, 학교 부적응 등의 복합적인 문제를 지닌 소년의 모래놀이치료 사례에서 소년이 자신의 세계를 맞닥뜨려 바라보고 표현할 수 있는 긍정적인 힘이 생겼음을 보고하였다. 모래놀이치료를 활용한 학교상담이 소년의 정서 · 행동문제에 미치는 효과를 검증한 김진안(2015)의 연구는 모래놀이치료가 소년들의 정서적 어려움을 해결하고, 반사회적 행동화 문제를 감소시키며, 가정, 학교, 사회에서 긍정적인 관계를 형성하고 사회성을 향상시키는 데 효과적임을 보고하였다.

분노 및 감정조절이 어려워 문제행동을 보이는 소년을 위한 미술치료와 모래놀이치료 병행 프로그램을 실시하여 환경의 변화에서 온 스트레스로 인한 혼란, 무력감, 긴장 등을 소년이 좋아하는 미술활동 통해서 분노의 수위를 낮추는 반면 모래상자 꾸미기는 소년이 수용하지 못하는 타인과의 관계, 불안, 갈등 등으로부터 감정을 조절, 이완하는 과정을 경험하게 하는 것에 목표를 둔다. 치료전략은 적극적이고 능동적 작업으로 분노발산, 자기지각을 프로그램 참여 후 분노의 감소 및 감정조절이 향상되어 원만한 학교생활을 유지함과 함께 미래를 설계할 수 있는 탄력을 받도록 하는 전략을 세웠다.

» 연금술 여정 시작하기

여정의 첫 단계로 소년은 학교생활을 어떻게 하고 있는지 학교생활화(Kinetic School Drawing, KSD)를 그려서 보여주었다.

소년은 선생님이 칠판에 쓴 내용을 설명하는 모습과 책상에 엎드려 자는 본인의 모습을 정교하게 묘사하였다(그림 1). 수업시간에 자는 모습을 그린 것은 선생님의 설명하는 내용을 이해하지 못하는 것과 설명을 들어도 성적을 올릴 수

❶ 사전 학교생활화

가 없다는 수업을 포기한 상태를 상징화한 것으로 보인다. 시골 중학교에서 큰 도시에 있는 고등학교에 가서 학업의 수준 차이를 극복하기가 어렵다는 것을 나타내는 내용으로 볼 수 있다. 중학교에서 고등학교로 가는 길목이 쉽지 않아 좌절하는 소년들이 종종 있다. 이러한 상황을 이겨내지 못해 게임 랜드에 빠지거나 방황하는 소년들을 주위에서 볼 수 있다.

연금술의 용광로가 있는 모래놀이 치료실로 소년을 안내하였다. 모래상자와 소품들을 보여주며 모래놀이를 시작하기 전 기본적인 설명을 하고 잠시 기다렸다. 소년은 상자 모퉁이에 서서 아래를 내려다보며 전혀 할 의사를 보이지 않았다. 연금술사가 "놀이를 하기 싫은가 보네"라고 하자, 아주 작은 목소리로 "어린아이들이 가지고 노는 장난감이네요"라고 말했다. 이 소년이 보기에 소품들이 어린 여자아이들이 가지고 노는 소꿉놀이용으로 보였던 것 같다. 심화된 치료적

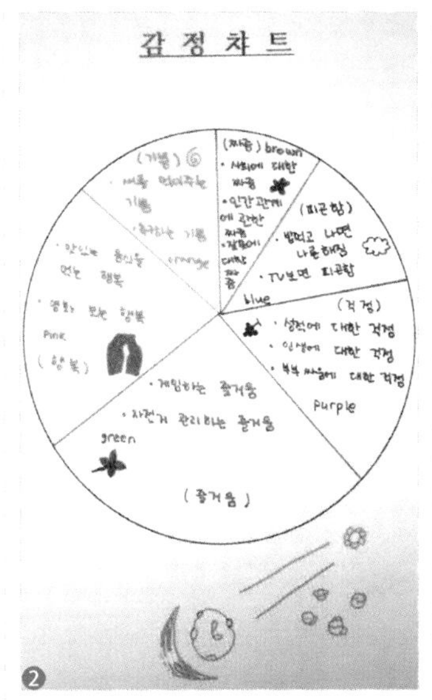

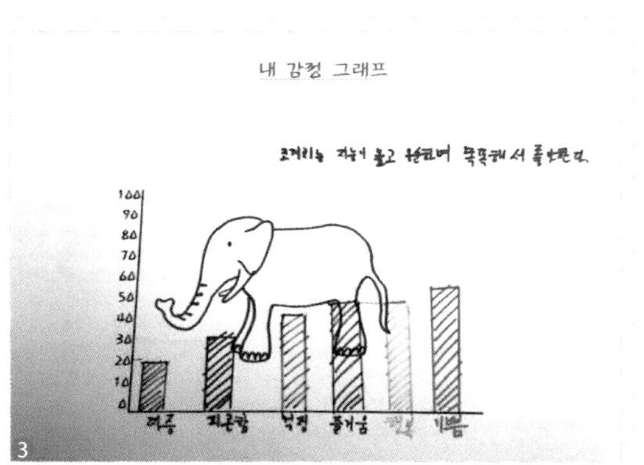

❷ 감정 차트

❸ 감정 그래프

단계에서 연금술사와 내담자의 신뢰는 매우 중요하다. 연금술사와 소년의 이상한 나라 여행은 감정의 정화 작업이 아직 이루어지지 못한 것 같아서 오늘은 하지 않기로 하였다. 그래서 소년이 좋아하는 그림을 그리기로 했다. "학교에서 스트레스를 많이 받게 될 때 그것을 어떻게 표현할 수 있을까"라고 하면서 스스로 자기검토 및 평가를 통해 자기지각을 할 수 있는 시간을 갖도록 하였다. 활동을 위해서 감정 차트가 그려진 종이와 그림도구를 내주었다.

소년은 자신의 감정을 인식하고 적절하게 표현하는 '나-전달법'을 실시하여 감정을 표현하였다(그림 2). 감정 차트를 통해 ① 짜증: 사회, 인간관계 등 ② 피곤함 ③ 걱정: 성적, 인생, 부부(부모님)싸움 ④ 즐거움: 게임, 자전거 관리 ⑤ 행복: 맛있는 음식 먹는 것, 영화 보기 ⑥ 기쁨: 새 먹이를 주는 기쁨, 축구하는 기쁨

등을 나타냈다.

소년은 스스로를 평가하는 감정 그래프를 그렸다(그림 3). 코끼리를 그리고 "코끼리는 지능이 높고 온순하며 똑똑해서 좋아한다"고 하였다. 제일 낮은 감정인 짜증 20점, 제일 높은 감정인 기쁨 60점을 주었다. 소년은 대인관계, 학교성적 등이 걱정되고, 부모의 싸우는 모습에서 부부싸움에 대한 걱정을 그래프로 나타내었다.

소년이 모래놀이에 대해 거부감을 보여 모래놀이를 다음 시간으로 약속하고, 그림에 대한 이야기를 나누고 상담을 진행했다. 타지에 있는 상급 학교로 진학하여 또래들과 어울리지 못하고 교과과정이 어려운 것을 극복하지 못하는 것에 대한 스트레스, 짜증과 걱정, 피곤함 등을 새에게 먹이를 주고, 게임을 하고, 먹는 것을 즐거움과 기쁨으로 반전하는 모습은 스스로 자위하고 최면을 거는 것이라 말할 수 있다. 연금술 과정에서 모래상자라는 용광로에 물질을 담지는 않았지만, 미술의 매체를 통해 원소들의 분해, 분해된 것들이 혼돈된 심리적 상태에서 딱딱한 감정을 부드럽게 녹여 자신의 어두운 부분을 죽이고 있다. 우울, 불안, 분노, 화, 부정적 감정 등은 낮은 자아존중감으로 자아 중지 상태에 이른 것으로 볼 수 있다.

세 번째 회기도 어머니와 같이 왔다. 소년은 역시 멋쩍어하면서 연금술사와 눈을 맞추지 않는다. 이상한 나라의 여정을 즐기기에는 부담이 있는 것처럼 보인다. 지난 시간에 약속한 대로 모래상자 앞으로 갔다. 모래상자 앞에서 고민하는 모습을 보이더니 공룡을 하나 놓기 시작하면서 자연스럽게 모래놀이를 진행하였다.

1 공룡시대

오른쪽 하단에 공룡을, 상자 왼쪽에는 작은 공룡들을 놓으면서 왼쪽의 작은 공룡과 오른쪽 큰 공룡이 대결구도를 이룬다(사진 1). 작은 공룡들을 구하기 위해서 슈퍼맨과 영웅이 시간을 거슬러왔다고 하고, 제목을 '공룡시대'라고 정했다. 공룡과 슈퍼맨 그리고 잠자리와 메뚜기의 구성은 조화롭지 못하다고 말할 수 있지만, 모래상자에 작품을 만드는 것만으로도 좋은 효과를 볼 수도 있으며, 모래놀이는 억제된 감정을 언어화하는 데 느끼는 두려움을 전환시켜주는 의사소통의 수단이 될 수 있다.

이번 회기는 베티 잭슨의 문턱 넘어서기에 해당한다. 내면에서 일어나는 충돌들, 양극에서 끌어당기는 과정을 통해 그림자를 직면하게 되고, 자아(ego)와 자기(self)가 서로 대치한다. 이 단계에서 소년은 자기와 만나게 된다. 자기 자신의 작업이 성실하면 할수록 자신의 콤플렉스를 극복하게 된다. 작은 동물들이 커다란 공룡에게 공격당하는 모습으로 커다란 힘의 세력으로부터 공격을 당하지만 슈퍼맨이나 의리의 기사가 구조해주는 것은 무의식 속에서 누군가의 도움이 필요하다는 메시지로 볼 수 있는 상자였다. 공룡시대를 놓음으로써 불안한 감정과 억제된 감정을 상자에 표출했다.

또한 연금술 과정은 칼프의 모래놀이치료의 2단계인 '투쟁의 단계'에 해당된다고 볼 수 있으며, 의식이 출현하고 대립을 통해 서로 직면하게 되는 전투의 특징을 나타내고 있다. 이 시기의 특징은 대립하는 팀이 등장하여 전쟁이나 시합, 싸움 등 힘 겨루는 장면을 표현한다. 이것은 소년이 외부세계에 대응하는 힘을 기르기 위한 무의식에서 자아를 찾으려 하는, 내부의 힘을 기르려고 하는 시도이다.

네 번째 회기에는 아버지와 함께 왔다. 신경정신과에 다녀오는 길이었던 소년은 다시 모래놀이를 회피했다. 항상 어머니와 함께 왔는데 아버지와 온 것이 불편했는지 인사도 하지 않고 화가 난 듯한 표정을 보고 무엇이 화를 나게 했는지 그림으로 화남을 표현해보자고 하였다.

소년은 분노를 미술이라는 용광로에 질료들을 이용해 자유롭게 표현했다. 중앙에 붉고 노란색으로 그린 별모양은 울컥하고 짜증을 표현한 것이고, 주변의 주홍색은 작은 분노라고 설명했다. 별 주변 뿔 같은 남색은 내 인생이 슬프고 서운한 것이고, 회오리 모양의 뚫린 동그라미는 수업시간에 느끼는 어지러움이란다. 삼각형 모양의 분홍색은 자신의 날카롭고 예민함을 표현한 것으로 갑자기 물건을 던지거나 부수고 싶을 때의 감정이라고 하였다(그림 4).

소년의 아버지는 최근 의사에게 분노와 우울을 억제하기 위해 약물치료

❹ 짜증

를 더 받아야 한다는 진단을 받았다고 전했다. 아내와의 다툼은 아들의 양육방법의 차이로 여전하고, 부모는 소년의 학교 등급이 매우 낮아서 걱정을 많이 하지만, 소년에게 부담을 주지 않으려고 노력하고 있다고 했다. 그러나 소년은 자기 자신을 너무 잘 평가하고 있으며 부모의 걱정과는 달리 진로도 마음속으론 이미 결정해놓고 있었다. 소년은 연금술사에게 "내가 어떤 마음인지를 모르면서", "너는 잘할 수 있어"라고 어른들이 아이들에게 쉽게 하는 말을 들으면서 느낀 부정의 메시지를 보내고 있다. 연금술사가 긍지를 심어주고 가능성을 열어주겠다지만 소년은 연금술사의 의견은 받아들일 수 없다는 반응을 보였다. 병원 진료의 결과로 '약물을 더 복용해야 한다'는 것만으로도 아이는 '나를 너무 힘들게 한다'고 생각하고 있기 때문이다.

다섯 번째 회기에도 소년은 그림 그리기를 원해서 감정 나누기로 여정을 시작했다. '기분이 좋을 때'와 '마음이 슬플 때'를 그림으로 표현해, 우울한 감정과 분노로 마음이 격해지는 감정을 표출함으로써 내면을 정화하고 새로운 에너지를 생성하는 데 도움을 갖기 위해 프로그램을 실시하였다.

❺ 기분이 좋을 때
❻ 마음이 슬플 때

'기분이 좋을 때' 감정표현은 특별한 하나의 주제가 아닌 즐거웠던 상황을 여러 가지로 표현했다(그림 5). 자전거 샀을 때, KTX를 타고 부산 갔을 때, 핸드폰 샀을 때, 에어 풍선이 있는 피자집에서 피자 먹었을 때, 축구할 때, 잠잘 때, 만화 볼 때 등을 표현했다. '마음이 슬플 때'라는 주제를 가지고 지도를 그리는 것을 보고 의외여서 소년이 무엇을 지도 속에 나타낼 것인지 궁금해했다. 중학교까지 성장하고 친구들이 있는 '조그만 군'을 떠난다는 생각으로 슬펐다는 표현(그림 6)에 마음이 찡해졌다.

이는 베티 잭슨의 모래놀이의 여정에서 '시련의 과정'으로 볼 수 있을 것이다. 한 지역의 환경에서 다른 환경으로 넘어가면서 시련의 길을 걷는다. 무의식으로 들어가는 길은 '힘들고 고통스러운' 경험과 일치한다. 대극의 긴장, 분열된 것과 같은 복합적인 문제들이 드러나면서 주제와 연관이 있는 이미지가 자주 등장하게 된다. 혼란과 무질서, 갈등, 고착된 감정들이 상자나 그림에 묘사되기도 한다. 분노와 좌절과 같은 어둡고 무거운 에너지는 이동하면서 전환점으로 향하게 된다.

여섯 번째 왔을 때 소년은 모래상자 앞에서 밝은 표정으로 모래놀이를 하겠다는 의사를 표시해 이상한 나라에 적응하는 모습을 보인다. 용광로에 집 2채를 왼쪽 상단에 가져다놓고, 그러더니 1채를 연이어 놓고 풍차 집을 비롯해 많은 집으로 상자를 구성한다. 왼쪽 상단 집 앞에 자동차를, 자동차 뒤에 주차 불가 표지판을 놓았다. 왼쪽 하단 집 밑에 빨간 자전거, 오른쪽 하단에 크리스마스트리와 산타, 그 위에 강아지를 놓고, 산타 아래 공사표지판과 사다리차, 포클레인, 중앙 하단에 개 두 마리(애완견)를 놓았다. 소년, 노인, 아이를 오른쪽 집 앞에 놓고, 자전거를 타는 사람을 왼쪽에서 오른쪽으로 달리는 모습으로 놓고 마쳤다.

2 유럽 도시

소년은 집으로 3개의 면을 둘러 내적인 질서와 안정을 찾고자 하였으며, 소방차, 포클레인 등을 이용하여 내면의 억제된 감정을 발산하고 있는 것으로 보였다(사진 2). 사다리차 앞에 개 두 마리, 자전거 탄 사람을 통해 무엇인가 역동이 일어나고 있음을 보여주며, 산타와 크리스마스트리, 좋아하는 강아지를 놓음으로써 모래놀이에서 즐거운 감정이 표출된 것으로 보였다. 감정발산이나 억제된 감정표출을 위해서 소품을 이용한 모래놀이는 치료에 좋은 매개물이다.

소년은 정화와 세척을 통해 긴장감이 풀어지고 자아 통찰이 생기면서 자아의 활동이 시작되는 것을 보이고 있다. 연금술에서 승화는 물질이 위로 향하는 움직임에 의해 더 높은 형태로 변환되는 것과 관련된다. 심리적인 것과 가치의 함축적인 것이 상승의 상징에 속하듯이 아래에서 위로 올라가는 것으로, 사다리, 계단, 엘리베이터, 등반, 산, 비행 등과 관련된 모든 이미지는 상승의 상징에 속한다(Edinger, 2015; Jackson, 2007b).

3 해안가

소년은 이상한 나라에 적응한 상태로 모래놀이 세 번째 여정을 시작했다. 소년은 모래상자 앞에서 감정을 조절하면서 작업에 몰입한다. 처음 도마뱀을 중앙 하단 모랫둑에, 왼쪽에 물을 만들고 상어, 고래, 문어, 구명보트, 조개 등을 놓았다. 오른쪽 하단에 두꺼비, 모래 위에 고기잡이배를 정박시켰다. 소라와 게 사이에 토끼를 놓고, 돌들을 공간에 흩어놓았다. 바다를 만들어 배를 해안가에 정박해놓아 휴식을 취하는 모습이다(사진 3).

오른쪽 하단에 두꺼비와 설득력과 유연성을 나타내는 토끼를, 재생능력이 강한 불가사리를 모래에 놓음으로써 친구들과 원만하게 지내겠다는 내적 표현이 표출되었다. 그러나 물고기들이 자유롭게 헤엄칠 수 있는 바다가 아니라 소극적으로 바다를 만들고 토끼를 모래에 놓은 것으로 보아 아직은 자신과 완전하게 타협하지 못한 것으로 볼 수 있다.

연금술에서의 분리는 미분화된 성분으로 단단한 혼합체로 구성된 원물질에서 여러 가지 부분들과 원소를 구분하는 분리 작업을 요하는 것을 말할 수 있다(Jung, 1983). 심리학적으로 분리는 구체적이고 사실적으로 경험한 리비도와 그것의 내적 상징의 의미로부터 분리해야 한다는 것으로써 주체적(subjective)인 것과 객체적(objective)인 것의 분리를 의미한다. 심리치료에서 흔히 볼 수 있는 문제는 현실적으로 결정을 할 때 따르는 상반된 감정이나 가치가 함께 나타나는 것이다. 이런 갈등의 기저에는 이러한 행동이 고착되어 있거나 사고의 경직성과 상징적 의미 사이에 판별력이 부족한 것이 원인이 된다. 예로 토끼를 모래에 놓았다든가 하는 경우이다.

네 번째, 소년은 모래놀이를 하기에 앞서 모래상자 앞에서 무엇인가 의지를 담은 표정을 보이며 시작했다. 왼쪽 상단에 악어, 그 오른쪽에 두꺼비, 고래, 상어와 같이 힘이 세거나 거친 물고기들을 놓았다. 꿈과 미래를 설계하기 위한 모래놀이를 진행하였다. 거친 물고기와는 다소 어울리지 않아 보이는 내용의 '소통'

4 소통

이라는 제목을 붙였다. 연금술사는 상자의 그림에 대한 이야기가 듣고 싶었다.

소년이 말하는 소통은 '바다→땅, 바다→육지, 바다=육지는 소통'(사진 4)이라고 했다. 바다와 육지의 생물이 같이 더불어 살아가고 있으며, 강하고 약한 생물이 서로 잘 어우러져서 살아가려고 노력 중이라고 말했다. 모래상자는 친구들과 소통을 원하면서 정서적 안정을 추구하는 무의식의 내면을 상징화한 것으로 보인다. 소년은 바다에서 육지로 옮겨가며 그의 영혼이 자유롭게 소통하고 있다. 미술에 더 흥미가 있는 주인공은 이번 네 번째 회기로 모래놀이를 마쳤다.

연금술사에서 말하는 '현자의 돌'은 그 자체가 대극의 합일이며, 지혜를 의미하는 정신적인 것과 자연의 물질 그대로인 것의 결합이다. 대극의 합일은 모든 일방적인 성질을 완화하고 교정한다. 그래서 철학자들의 돌은 '필멸의 존재에게 생명을 주고 모든 것을 정화하며 모든 굳은 것을 부드럽게 만드는 등의 힘을 가지고 있는 돌'로 묘사된다. 심리치료에서는 객체적인 정신에 열려 있음이 내담자와 치료사 모두에게 요구되며, 이때 일어나는 합일은 치료사와 내담자 사이에 나타나는 역전과 대극으로의 변환에 들어간다. 그것은 분리를 통해 정화되고 내담자와 치료사가 번갈아 서로를 향상시키고 정체성의 상호작용을 통해 용해되고 순수한 상태로 분리되어 통합이 증가되는 것이다.

내담자는 학교, 이웃과의 미래에는 원만하게 어울려 소통하는 관계를 소망하면서 정서적 안정을 추구하고 있음을 보여주고 있다. 이처럼 상자를 통한 모래놀이치료는 모래상자에 자신의 감정 및 사고를 표현해보는 경험을 통해 또래관계 향상에 도움이 되었다는 베티 잭슨의 사회로의 복귀와 같은 의미로 볼 수 있다. 사회로의 복귀는 가족, 친지, 형제들과의 변화된 만남이다. 일상생활로 돌아오면서 변화를 보이는 내담자가 자기조절이 가능하도록 도와주어야 한다.

소년은 미래의 꿈을 명확히 생각해볼 수 있는 미래에 성공한 자신의 모습(그림 7)을 그려보고 자신이 휴대할 명함(그림 8)도 만들어 보여주었다. 그는 성

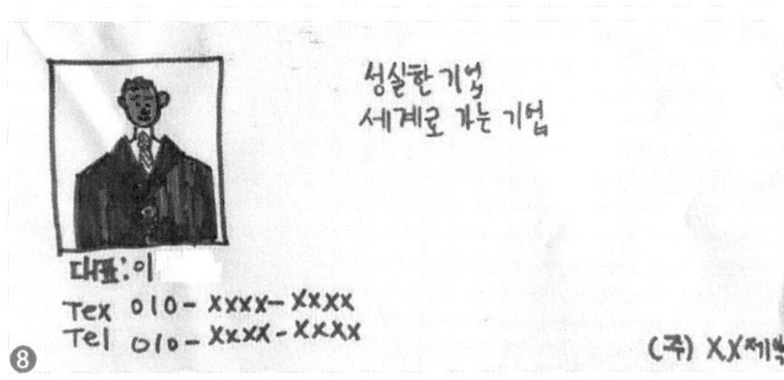

❼ 성공한 CEO
❽ 명함

공하여 성실한 기업, 세계로 나가는 기업의 회장이 되겠다는 큰 꿈을 가지고 있었다. 그 꿈을 그림으로 멋진 모습을 소년의 영상에 남겼다.

소년은 이상한 나라를 여행하면서 많은 경험을 하고 자기 별로 돌아와 일상으로 돌아갔다. 여정에서 만났던 스트레스, 분노, 화, 우울, 낮아진 자신의 자아 등은 미래에 성공할 수 있는 에너지로 작용했다. 영상 속에 살아 있는 멋진 CEO로 꿈을 펼칠 수 있을 것이다.

자기 주도적 변화를 알아보기 위해 학교생활화 사후 검사를 해보았다. 소년은 책상에 노트를 펴놓고 교실에서 TV로 교육방송을 열심히 보면서 'f(x)=4xy+5'라고 쓴 그래프 등을 열심히 푸는 모습을 세밀한 터치로 잘 표현하였다.

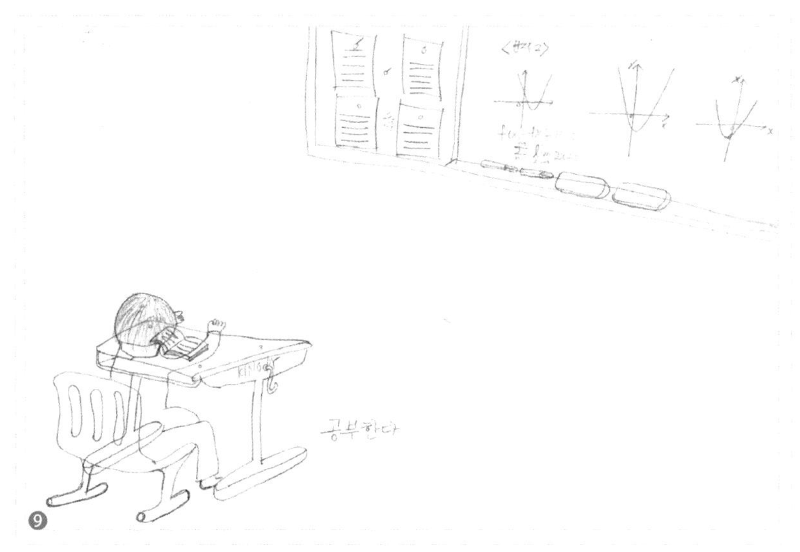

⑨ 사후 학교생활화

소년은 학교에서 TV로 교육방송을 보면서 열심히 수학 문제 푸는 모습을 그려서 결과를 보여주었다(그림 9). 프로그램 개입 후 공부를 해야겠다는 결심이 섰다는 내면의 변화된 모습을 그림으로 표출했다. 이것은 이상한 나라에서 소년과 연금술사가 '모래와 미술'이라는 용광로에서 '스트레스, 왕따, 성적 부진' 등의 원물질을 불로 훨훨 태워 자신을 직면하게 되었다고 해석해볼 수 있었다.

소년은 상담 후기를 다음과 같이 썼다. "나는 상담을 받으면서 할머니하고 전화도 하게 되었고, 엄마랑 아빠가 사이가 좋아졌다. 그리고 일기를 쓰는 습관이 길러지고 책도 읽게 되었다. 그리고 진로에 대해 더 많은 것을 알게 되었고, 규칙적인 생활이 가능해졌다. 여러 가지 많은 것을 알게 되었으며, 어떻게 하는 것이 좋은지, 무엇을 해야 하는지 판단하는 것이 가능하게 되었으며, 진정한 용기가 무엇인지 알게 되었고 상담을 받으면서 많이 배웠다. 이제 나에게는 더욱 좋아진 모습이 있을 것이다."

*2

모래 속에 비친 나

가냘픈 몸매에 긴 머리 흰 피부를 가진 24세 미혼 여성이 상담을 받겠다고 왔다. 아이들을 좋아하여 전공과는 관계없이 4년제 대학에 다니며 동시에 야간으로 보육교사 과정을 마쳐 자격을 취득했다. 그 후 어린이집에 취업했는데, 표정이 우울해 보인다는 어린이집 원장의 권유로 상담을 받으려고 찾아오게 되었다고 했다. 내담자는 눈이 슬퍼 보였고 말수가 적었다. 상담자와 말할 때면 시선을 멀리 두고 표정 없는 얼굴을 하기도 했다. 상담자는 곧 무너질 것 같은 이 미혼 여성을 '코스모스' 같다고 했다. 왠지 그녀는 '코스모스'를 연상케 했다. 바람에 쓰러질 것 같지만 힘이 있는 꽃이기 때문에 이 이름을 붙이겠다고 하였더니, 그녀는 그 이름이 좋다며 자기가 좋아하는 꽃이라고 했다.

내담자가 초등학교 2학년 당시 부모님이 이혼했고, 아버지는 1년도 안 되어 재혼하였다. 남동생과 내담자는 할아버지 집에서 할머니와 함께 생활하게 되었다고 한다. 내담자는 상담자가 묻는 말들에 미소로 대답하면서 말을 아꼈다. 짐작건대 이곳은 좁은 지역이고 상담에 비밀이 보장된다고 해도 자신의 모든 것을 노출하고 싶지 않아서일 것으로 보였다. 상담은 직장 퇴근 시간에 맞춰 저녁 시간에 하기로 했다.

모래상자와 소품, 모래놀이를 할 때의 주의사항 등을 말해주고 치료실을 관찰했다.

» 제1회기

- **일시:** 2016. 6. 9. 오후 7:00~8:00
- **제목:** 좋았던 날들
- **처음 선택한 소품:** 살구나무
- **마지막 선택한 소품:** 4명의 사람

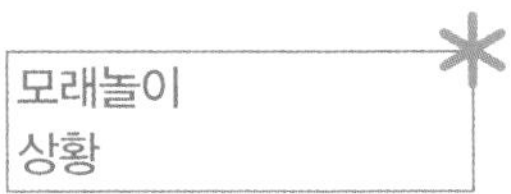

처음에 조용히 서서 소품들이 있는 장을 둘러보았다. 주변을 의식하고 신경이 예민해 보였다. 소품들을 보며 무엇을 먼저 고를지 망설였다. 첫 번째 소품으로 살구나무를 가지고 와서 오른쪽 하단에 3그루를 놓았고, 앞쪽에 과일 바구니와 사람 2명을 놓았다. 왼쪽 상단에 문구점과 자판기를 놓았으며, 오른쪽 중앙 사이 상단에 초등학교를 놓았다. 왼쪽 하단에는 집과 울타리를 놓아 길을 만들고, 중앙에 학교가 끝나고 집에 가는 학생 4명을 놓았다(사진 5). 상자를 마친 내담자에게 본인은 어디에 있는가를 물었으나 내담자는 나는 없다고 말하였고, 굳이 말하자면 살구나무 앞에 볼을 괴고 있는 소녀라고 대답했다.

5 좋았던 날들

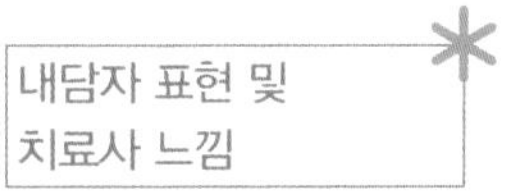

처음 경험한 모래놀이라서 진행할 때 주변에 신경이 쓰였고, 너무 많은 소품이 있어 고르기가 어렵다고 했다. 마음에 쏙 들지 않았지만 그중에서 비슷한 것들만 골랐는데, 어릴 적 초등학교 앞에 살구나무가 크고 많았던 기억을 떠올렸다. 과일을 좋아했던 내담자는 언제든지 가서 먹고 놀았던 즐거웠던 장소를 기억한 것이다. 처음에는 그냥 놓다가 마지막쯤에 기억하던 곳과 비슷하게 놓인 것을 보고 기분이 좋아졌다고 했다. 그리고 모래상자 안에 소품을 놓을 때 순수한 모습을 볼 수 있었다.

» 제2회기

- **일시:** 2016. 6. 16. 오후 7:00~8:00
- **제목:** 대천 바닷가
- **처음 선택한 소품:** 조개
- **마지막 선택한 소품:** 발레 옷 입은 소녀

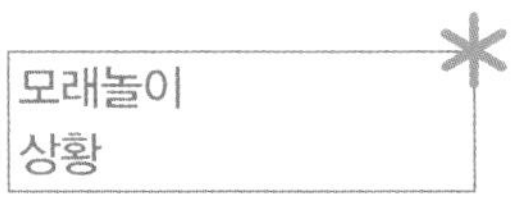

바닷가를 생각하며 중앙과 오른쪽에 조개껍질 8여 개와 왼쪽 상단에 파라솔을 놓아 쉴 공간을 만들었다. 중앙 상단에 아버지 직장에서 직원들의 여름 휴양을 위한 건물과 아파트를, 오른쪽 상단에는 먹거리 시장을 표현하였고, 중앙에 4명, 왼쪽에 3명, 모두 7명의 사람을 올려놓았다(사진 6).

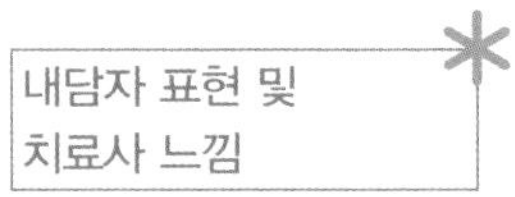

중학교 때까지 매년 가족끼리 대천바닷가를 간 기억을 떠올리며 소품들을 놓기 시작했다. 매년 갔던 곳이라 그런지 주변에 무엇이 있고 어떻게 놓을지 고민하지 않고 놓았다. 다 놓고 나서 보니 가족과 놀러갔지만 가족은 보이지 않고 내담자 혼자 모래사장에서 노는 모습이 보였고 '가족은 어디 갔지?'라는 생각이 들었다고 했다. 내담자는 외로워 보이는 느낌을 받아 발레리나를 놓았는데, 그 이유는 어렸을 적 발레리나를 꿈꾸었던 무의식이 모래에서 춤추고 있는 것 같다고 하였다.

6 대천바닷가

슈퍼바이저의 의견

1, 2회기 모래놀이를 통해 과거로의 퇴행 경험을 한다. 융은 자신의 슬프고 우울했던 감정, 불안들이 '속박에서 풀려난 자연 혼을 탐구하며, 영혼 속에 숨겨져 있는 빛으로 향하여 가는 길을 가로막고 있는 장애들을 제거하는 일'을 시작하고 있다고 하였다. 연금술사는 이들의 작업을 '모래상자'라는 용광로를 이용하여 그러한 과정을 수행하고 있다.

» 제3회기

- **일시:** 2016. 6. 23. 오후 7:00~8:00
- **제목:** 소음
- **처음 선택한 소품:** 자동차
- **마지막 선택한 소품:** 사람

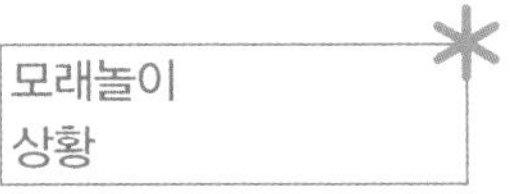

소품들을 둘러보다가 레미콘 3대를 중앙에서 약간 아래쪽에 정렬했다. 그다음 집을 왼쪽 상단과 오른쪽 상단에 각각 2채씩 놓았고, 오른쪽 중앙 벽에 나무집을 놓았다. 자동차를 가져와 레미콘 3대 중 오른쪽의 2대를 치우고 흰색, 초록색 차로 바꾸었다. 파란색 자동차를 하나 더 가지고 와서 초록색 차 앞에 집을 향해 놓았다. 사람은 1명을 놓았는데 레미콘 아래 오른쪽을 바라보고 앉아 귀를 막고 있다(사진 7).

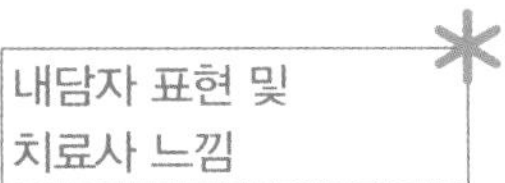

내담자가 친구네 집을 걸어가던 때 레미콘이 큰 소리를 내면서 지나갔고, 그 소리가 무서워서 쭈그려 앉아 귀를 막고 있는 모습이라고 했다. 어릴 적 소음에 대해 두려워했던 모습을 그린 것이다.

차가 줄지어 서 있고 황량한 느낌을 준다. 내담자가 귀를 막고 있는 것

7 소음

은 소음에 대한 두려움뿐만 아니라 현재 받고 있는 스트레스 때문에 귀를 막고 있는 것이 아닐까 하는 생각이 든다. 귀를 막고 있는 모습은 소음 문제라기보다는 의사소통의 어려움이 있음을 나타내고 있고, 듣지 않고 현실을 피하고 싶은 내면을 보여주고 있다.

슈퍼바이저의 의견

1회기 내담자는 좋았던 날을 회상했지만, 상자에는 집으로 가는 길을 비워두었고 돌아갈 수 없는 집, 나를 없다고 부정하는 모습이 엿보였다. 나는 집으로 가는 반대 방향으로 등을 보이며 손으로 얼굴을 감싸고 있다. 부모의 이혼으로 인해 어머니와의 좋았던 시절과 다시 갈 수 없는 상황이 무의식에서 양가감정으로 표출된 것 같다.

연금술 작업에서 연소(calcinatio)와 용해(solutio)는 1회기, 2회기, 3회기 연금술의 주요 과정이며, 연금술의 뿌리이다. 연금술 작업은 연소로 시작하고 연소가 이루어지는 과정은 치유과정이다. 또한 심리학적으로 볼 때 용해는 감정의 흐름과 연관되어 슬픔이나 절망, 비통한 마음을 나타낸다. 용해는 감정을 만지고 흐르게 함으로써 석회처럼 굳은 방어벽을 사라지게 하는 작업을 말한다.

» 제4회기

- **일시:** 2016. 6. 30. 오후 7:00~8:00
- **제목:** 점심시간
- **처음 선택한 소품:** 큰 벤치
- **마지막 선택한 소품:** 빨간 옷 입은 사람

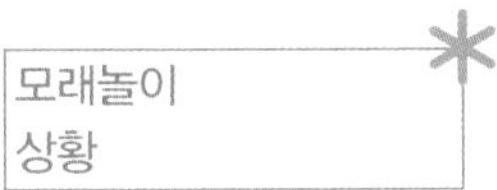

상자 하단에 울타리를 치고, 그 앞에 큰 벤치와 양쪽에 작은 벤치들을 놓았다. 큰 벤치 위에 6명의 사람이 일렬로 앉아 있다. 왼쪽에 나무를 놓았고, 중앙 위쪽에 학교를 놓았다. 중앙에는 사람들이 놀고 있고, 오른쪽에 문구사, 그 위쪽에 빨간 옷을 입은 사람을 마지막에 놓았다(사진 8).

8 점심시간

내담자 표현 및
치료사 느낌

내담자는 무엇을 놓을까 고민하다가 벤치가 눈에 들어왔고, 벤치를 보니 중학교 점심시간이 떠올랐다고 했다. 벤치에 앉아 있는 6명은 내담자와 친구들이며 점심을 먹고, 문구점에 가서 과자를 사 먹고 싶지만 선도부가 있어서 뒤쪽으로 몰래 나가려는 모습을 표현했다. 중앙에는 남학생들이 축구를 하고, 6명의 친구는 하하, 호호 즐겁게 이야기를 나누고 있는 모습이다.

순수하고 풋풋한 학창시절, 누구라도 규칙에서 일탈하고 싶은 시절이 추억으로 남아 추억 속에서 친구들을 만나 즐거웠던 시간을 회상하고 있다.

» 제5회기

- **일시:** 2016. 7. 7. 오후 7:00~8:00
- **제목:** 마냥 좋아
- **처음 선택한 소품:** 흰색 강아지
- **마지막 선택한 소품:** 노란 머리 사람

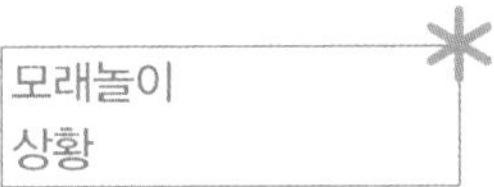

오른쪽 하단에 모서리 부근에 흰색 강아지를, 왼쪽 중앙에 갈색 강아지와 턱을 괸 소녀를 놓았다. 오른쪽 강아지 앞에 노랑머리를 한 사람을 놓았다(사진 9).

9 마냥 좋아

내담자 표현 및 치료사 느낌

갈색 강아지와 빨간색 원피스를 입고 턱을 괸 소녀는 과거이며, 흰색 강아지와 앞에 있는 소녀는 현재라고 했다. 흰색 강아지는 부모님(새엄마)이 키우고 있는 강아지로 '쭌'이라 부른다. 요즘은 쭌이가 내담자를 잘 따라주어 행복하다고 전했다.

내담자는 새엄마가 좋아하는 쭌이를 많이 좋아한다지만, 어린 시절 좋아했던 강아지보다는 거리가 있어 보인다.

슈퍼바이저의 의견

과거와 현재를 이분법으로 구성했다. 내면에 있는 의식세계가 둘로 나뉘어 있음을 알 수 있다. 연금술에서 응고에 해당하는 장면으로 심리적인 내용이 특정 부분에 제한된 형태로 구체화 되어 있다는 것을 뜻한다.

» 제6회기

- **일시:** 2016. 7. 14. 오후 7:00~8:00
- **제목:** 첫바퀴
- **처음 선택한 소품:** 모래그림
- **마지막 선택한 소품:** 모래그림

10분간 소품을 둘러보며 망설인다. 그 뒤 모래 위에 소용돌이치는 것 같은 원을 만들었다. 왼쪽으로 시작해 중앙과 아래에 총 5개의 원을 그렸다(사진 10).

10 첫바퀴

내담자 표현 및 치료사 느낌

많은 소품을 보면서 고민했지만 아무것도 놓고 싶지 않았다고 했다. 모래를 만지작거리다가 모래에 동그란 원을 그렸다. 그리고 보니 요즘 '나' 같다는 느낌을 받았다고 했다. 시작한 지 얼마 안 된 직장생활과 나의 일상에 대해서 돌아볼 수 있는 기회가 됐던 것 같다고 표현했다.

내담자는 4회기 동안 모래를 만지지 않았다. 그것은 새어머니와의 관계와 헤어진 친어머니와의 미해결 과제로 인해 모래를 만지지 못했던 것으로 해석해볼 수 있다.

자신의 내면을 드러내는 것이 두렵거나 아니면 내면의 문제 때문에 버거워서 소품 놓기가 힘들었던 것 같다.

» 제7회기

- **일시:** 2016. 7. 21. 오후 7:00~8:00
- **제목:** 행복
- **처음 선택한 소품:** 과일가게
- **마지막 선택한 소품:** 할아버지

모래놀이 상황

처음 왼쪽에 과일가게를 놓았고, 중앙에 손수레와 나무, 두 사람이 앉아 있는 모습을 놓았다. 오른쪽 상단에 할머니와 할아버지가 의자에 앉아 과일을 깎고 있는 소품을 놓고, 상단의 모래를 걷어 하늘을 만들었다(사진 11).

11 행복

내담자 표현 및 치료사 느낌

과일이 가득 담겨 있는 가게를 보고 상큼함과 좋은 기분이 들었다고 했다. 하늘이 맑고 날씨가 좋은 날 친구끼리 과일을 먹으며 즐겁게 이야기 나누고 있다. 할머니와 할아버지는 미래에 나와 배우자가 함께 늙어가는 모습이다. 내담자는 좋아하는 사람과 과일을 먹으며 대화 나누는 행복한 모습을 상상했다.

부모님의 잦은 다툼으로 인해 부모님이 행복했으면 하는 바람과 미래에 행복한 부부관계를 갖고 싶은 희망이 무의식에서 나온 장면인 것 같다.

슈퍼바이저의 의견

부모님의 이혼, 현재 부모님의 다툼이 내담자에게 행복에 대한 개념을 새롭게 부각시켰고, 자아의 성숙, 인내와 수용을 나타내고 있다. 연금술의 승화에 해당하는 6, 7회기에서 승화는 자아가 자신의 문제나 감정에 대해 가장 적절한 표현을 위해 객관화시키는 것으로, 어떤 문제에 대한 견해나 통찰력을 갖게 되어 그 상황을 더 분명하게 볼 수 있게 됨을 뜻한다. 즉, 지성을 통해 현실의 문제를 더 잘 풀 수 있는 것을 의미한다.

» 제8회기

- **일시:** 2016. 7. 28. 오후 7:00~8:00
- **제목:** 내 집
- **처음 선택한 소품:** 집
- **마지막 선택한 소품:** 복숭아나무

모래놀이
상황

중앙에서 약간 비낀 왼쪽에 작은 집을 놓고, 왼쪽 하단에 꽃과 과일나무를 놓았다. 오른쪽에도 과일나무 2그루를 놓았다. 상단에 모래를 앞으로 밀어 하늘을 나타냈다(사진 12).

12 내 집

내담자 표현 및 치료사 느낌

내담자는 처음으로 집을 놓았고, 과일나무를 양쪽에 2그루씩 놓았다. 날씨는 맑으며, 주위는 한적하다. 현재 가족과 살고 있는 집은 자신의 마음대로 꾸미지 못하지만, 나중에 혼자 산다면 예쁘게 꾸며놓고 살고 싶은 마음에서 놓은 것이다. 혼자 살고 싶은 마음이 무의식적으로 표출된 것 같다.

슈퍼바이저의 의견

상자 중심이 비어 있음은 마음에 공허를 느끼고 있음을 말해준다. 그러나 자신을 스스로 양육하기 위한 에너지를 분출하고 건강한 자아 기능의 발휘, 새로운 시도를 하고 있다.

» 제9회기

- **일시:** 2016. 8. 4. 오후 7:00~8:00
- **제목:** 친구들
- **처음 선택한 소품:** 나무
- **마지막 선택한 소품:** 4명의 소녀

오른쪽 상단에 있는 나무부터 시작해서 모두 11그루의 나무를 놓았다. 중앙에 분홍색을 놓았고 오른쪽과 왼쪽에 2명씩을 놓아 모두 5명의 사람을 놓았다(사진 13).

13 친구들

내담자 표현 및 치료사 느낌

오늘은 아침에 기분이 좋아서 예쁜 꽃나무를 골랐다고 한다. 중앙에 있는 여자가 내담자이며 주변 여자들은 친구들이다. 친구들과 각자 일을 하고 있어서 만나지는 못하지만 심적으로 의지가 된다는 생각과 이번 주 친한 친구의 생일이어서 만난다는 기대감으로 놓은 것 같다. 다 놓고 잠시 친구들 생각을 하게 되었다고 한다.

각자의 위치에서 열심히 일하며 앞으로 미래를 친구들과 나아가고 싶다는 생각을 표현한 것으로 보인다.

슈퍼바이저의 의견

자아와 자기 사이에 조화로운 관계가 형성된 것으로, 연금술 과정에서 8, 9회기는 안정된 자아 기능이 새롭게 형성되고, 자아의 활동이 시작되는 하양의 단계를 넘어서고 분리가 일어나고 있다. 분리는 무의식과 새롭게 만나는 모든 영역에서 우주의 창조 행위를 필요로 한다. 분리를 통한 창조는 좀 더 위대한 결합을 위한 필연적인 시작 혹은 중간의 작업이다. 의식의 창조를 위해서는 무의식으로부터 새로운 내용이 도출되어야 한다.

» 제10회기

- **일시:** 2016. 8. 11. 오후 7:00~8:00
- **제목:** 스마일
- **처음 선택한 소품:** 꽃
- **마지막 선택한 소품:** 나비

모래를 만지는 모습에서 기분 좋아 보였다. 모래를 한참을 만지다가 두 상자를 다 이용해도 되는가를 묻고는 두 상자의 모래를 다듬고 왼쪽 상자는 웃는 모습, 오른쪽 모래는 자유롭게 표현했다. 왼쪽 웃는 모습 주위에 꽃들을 놓고 오른쪽 모래에는 나비들을 놓았다(사진 14).

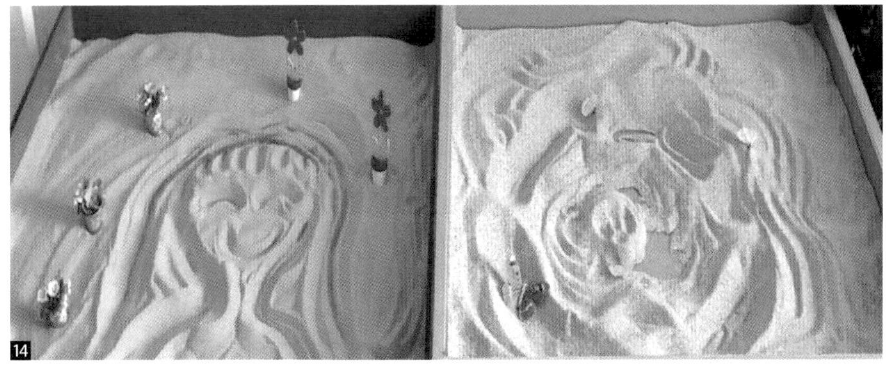

14 스마일

내담자 표현 및 치료사 느낌

과거와 현재를 나타냈다. 오른쪽은 과거로 감정이 정리되지 않은 두려움을 내보였고, 좋은 일, 나쁜 일이 있지만 나비를 놓아 우여곡절 끝에 훨훨 날아 탈출하였음을 표현했다. 오른쪽 상자에 표현한 스마일은 자기를 찾아 행복할 일들이 펼쳐지기를 바라는 모습이라고 했다. 자기를 찾은 모래상자를 보면서 내담자에게 그림과 같은 미소를 보냈다.

슈퍼바이저의 의견

모래놀이 여정을 마치며 과거와 현재를 정리했다. 연금술 변환과정에서 대합일이 이루어졌다고 볼 수 있다. 대합일은 인간에 있어 고도의 '의식성'의 실현을 가져오는 인간정신의 문제이며, 인간에서의 '깨달음' 혹은 '인식'을 말하는 것으로 연금술의 완성이다. 모래놀이치료 과정에서 의식의 전진과 퇴행의 교차를 통해서 심리적 성장과 치유가 이루어진다. 이러한 과정들은 의식의 수준을 점차 높여 대극이 결합하는 대합일을 경험하게 된다. 즉 의식의 새로운 깨달음이 생기는 것이다.

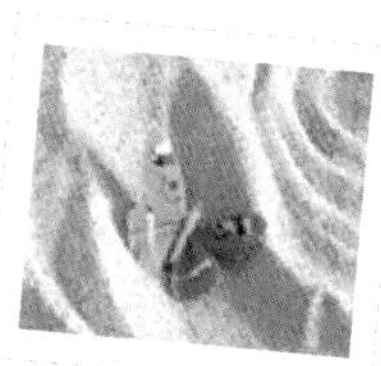

전체적으로 '모래 속에 비친 나'는 처음에는 모래를 만지지 않고 소품을 놓았는데 이는 과거에 어머니와의 관계에서 해결되지 못한 일들로 인해 모래를 만지지 못한 것으로 보인다. 3회기 이후 모래를 만지며 생각하지 못했던 내면의 마음들을 꺼내놓기 시작하였다. 모래놀이 과정에서 과일나무와 집이 많이 등장한 것으로 보아 가정에서 풀지 못한 문제와 해결되었으면 하는 소망이 표출된 것으로 보인다.

이 사례는 과거에서 현재로 이어지는 것을 볼 수 있다. 1~5회기 대부분은 과거를 회상했으며, 6회기부터는 현재와 미래에 대해 놓았다. 8회기는 현재 자신만의 공간을 꿈꾸고 있으며, 가정 내에서 일어나는 크고 작은 일들을 회피하고 싶어 하는 모습을 볼 수 있었다. 상담 초기에 자신을 드러내지 않으려 방어적으로 했던 것이 상담 횟수가 지날수록 내면의 것들이 점점 수면 위로 나타나기 시작했다. 그로 인해 내담자는 본인 스스로 직면하는 기회를 얻고 대극의 합일을 이루게 되었다.

3 *

오늘은 미래의 통로

인적사항

- **이름:** 서산댁
- **나이:** 53세
- **성별:** 여
- **학력:** 전문대졸(사회복지학 전공)
- **직장:** 사례관리사

가족력 및 문제력

어머니는 중학교 2학년 때 암으로 돌아가시고, 아버지의 재혼으로 내담자를 포함한 친어머니의 자식들(딸 3명)은 외할머니에게서 성장했다. 어렵게 공부하여 사회복지사 1급 자격을 땄고, 사회복지기관에서 사례관리사로 근무하고 있다. 교회를 다니면서 신앙심이 깊은 것에 반해 지금의 남편과 결혼하여 두 딸을 두었다. 직장을 다니던 중 육아 휴직, 어린이집을 운영하기도 하다가 복직을 했지만, 젊은 동료들에게 밀려 승진하지 못하면서 스트레스를 받게 되었다. 이번에 승진이 또 누락되어 몇 년 차이가 나는 후배에게 자리를 넘겨주게 되면서 직장에 다닐 힘을 잃고 에너지가 소진되었다고 한다. 사표를 내야 할 것인지 체면을 생각하지 않고 다녀야 할지를 고민하게 되었고, 우울한 감정을 정리하고 나를 돌아보기 위해 모래놀이치료를 선택하게 되었다고 한다.

주 호소 문제

- 직장생활을 계속 유지해야 할지, 사표를 내야 할지가 문제이다.
- 사표를 내고 나온다면 어떤 방면의 일을 해야 할지를 걱정하고 있다.

상담 목표

- 가능하면 사표를 내지 않는 방법을 모색한다.
- 현재 상황을 이겨내도록 에너지를 충전시킨다.
- 사표를 낼 경우 본인이 잘할 수 있는 부분을 생각하도록 돕는다.

행동 관찰

내담자는 사표를 내고자 하는 의지가 강해 보인다.

» 제1회기

- ▸ **일시:** 2015. 11. 1. 오후 4:00~5:00
- ▸ **제목:** 나의 어린 시절
- ▸ **처음 선택한 소품:** 고동
- ▸ **마지막 선택한 소품:** 외할머니

모래놀이 상황

왼쪽 하단에 고동을 놓고, 갯벌에 다양한 고둥과 조개들을 모래 하단에 놓았다. 중앙에는 자신과 고향 친구들과 함께 조개를 캐서 집으로 돌아가는 모습을 표현했다. 바닷물이 흐르는 냇가에 놓인 다리를 건넛집으로 향하고 있다. 집에서 손녀딸을 기다리는 외할머니를 왼쪽 상단에 놓았다(사진 15).

15 나의 어린 시절

내담자 표현 및
치료사 느낌

갯벌 냄새가 진동하며 저 멀리서 파도가 철썩이던 고향 바닷가, 때론 갯벌에서 진흙으로 얼굴과 옷, 머리 등에 진흙투성이를 하고 깔깔거렸던 그 바닷가, 너무 그리워 내담자는 그 시절로 돌아가고 싶었다. 중학교를 기차로 다녔던 시절 기차를 타기 위해 산 하나를 넘어 30여 분을 걸어갔다고 한다. 3년간 새벽밥을 해 주시며 고생하셨던 외할머니의 사랑이 떠올라 눈물이 난다고 했다(눈물을 많이 흘림).

즐거운 시간이라고 했으나 슬픈 느낌이 전해지며 전체적으로 쓸쓸하다.

슈퍼바이저의
의견

왼쪽 상단의 초가집과 외할머니에 대한 슬픈 마음과 죄스러움이 무의식에서 감사하는 마음과 행복했던 추억으로 나타났으며, 감정 정리가 필요하다.

» 제2회기

- **일시:** 2015. 11. 8. 오후 4:00~5:00
- **제목:** 나의 어머니
- **처음 선택한 소품:** 모녀
- **마지막 선택한 소품:** 꽃

모래놀이 상황

왼쪽 하단에 아기를 안고 있는 모녀를 맨 먼저 놓았다. 그 옆에 아버지, 오른쪽 하단에 어머니를 정성껏 간호하며 어머니의 쾌유를 위해 열심히 기도했던 세 딸의 모습, 언니가 아픈 어머니를 위해 예쁜 신발을 선물했다. 왼쪽 상단은 모녀가 침대에 누워 있는 모습으로 꽃들을 갖다놓았다(사진 16).

16 나의 어머니

내담자 표현 및
치료사 느낌

둘째 딸인 내담자를 안고 있는 25세의 어머니와 어머니를 너무너무 사랑하셨던 아버지를 같이 놓았다. 아버지는 교회를 다니며 엄마 병을 낫게 해달라고 뜨거운 눈물을 흘리며 기도했다고 했다. 돌아가신 어머니가 곁에 살아 계신다면 나란히 침대에 누워 편안하게 휴식을 취하고 싶다고 하셨다. 내담자는 과거 사건들을 모둠으로 모래상자에 놓았다. 어머니를 사랑했던 상황을 느낄 수 있는 장면이다.

슈퍼바이저의
의견

세 가지 마음을 표현하였다. 이번 회기도 퇴행하여 어린 시절로 돌아갔다. 연금술 과정에서 1, 2회기를 볼 때, 연소는 열정, 절망, 화와 분노같이 따뜻하거나 좀 더 뜨거운 감정들과 연관이 있으며, 이런 감정들을 자주 억누르는 경향이 있지만 제대로 표현하게 되면 긴장감을 풀어주고 창조적인 에너지를 발산할 수 있게 된다.

» 제3회기

- **일시:** 2015. 11. 14. 오후 4:00~5:00
- **제목:** 과거와 현재
- **처음 선택한 소품:** 울고 있는 아이
- **마지막 선택한 소품:** 신발

울고 있는 아이를 중앙에 놓고, 그 옆에 할머니와 일하는 엄마를 놓았다. 왼쪽 하단에 집과 장독대를 놓고 오른쪽에는 현재 모습을 꾸몄는데, 벤치에 앉아

17 과거와 현재

휴식을 취하는 두 딸 옆에 아버지와 어머니가 다정히 서서 이야기를 나누고 있다. 울고 있는 아이 앞에 꽃신을 놓았고, 울타리를 둘러쳤다(사진 17).

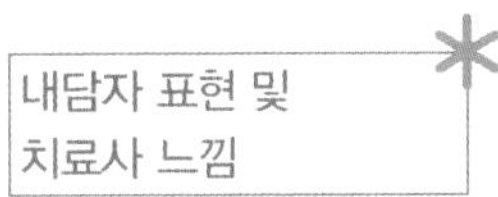

왼쪽은 과거를 오른쪽은 현재를 생각하며 놓았다. 고향 집에서 엄마와 할머니는 일을 하고 계시는데 본인은 울고 있다. 철없던 시절 마을에 온 엿장수에게 꽃신을 주고 엿을 바꿔 먹어 혼났던 기억이 떠올랐다고 했다. 그러나 지금은 잘 자라주는 예쁜 두 딸과 나를 지지해주며 버팀목의 역할을 해주는 남편이 있어 행복하다고 전했다.

과거와 현재를 표현하여 비교하면서 내담자의 슬픔과 기쁨이 동시에 나타나고 있다. 그런데 왜 과거와 현재를 울타리로 꽁꽁 가두었을까?

현재는 행복하다고 했으나 소통이 안 됨을 나타내고 있다. 아직 해결하지 못한 자신의 문제를 가족에게 말하는 계기를 마련하지 못하고 있는 듯 보인다.

» 제4회기

- **일시:** 2015. 11. 21. 오후 2:00~3:00
- **제목:** 용서
- **처음 선택한 소품:** 물지게를 진 소녀
- **마지막 선택한 소품:** 우는 아이

오른쪽에 물지게를 지고 가는 소녀를 처음 놓고, 왼쪽 하단에 우물을 놓았다. 우물 위에 정자를, 오른쪽 상단에 집과 할머니를 놓았다. 길을 만들어 학교에서 돌아오는 학생 3명을 놓았고 집 옆에서 울고 있는 아이를 마지막에 놓았다 (사진 18).

18 용서

내담자 표현 및
치료사 느낌

어린 시절 내담자는 학교에서 돌아오면 할머니를 도와 물지게로 물을 길어왔다. 물지게를 지고 우물가로 가려면 학교에서 돌아오는 선배들을 만났다. 그녀는 너무 창피해서 도망치고 싶었지만, 할머니를 돕기 위해 물을 길어야 했다. 그때는 부끄러움 때문에 집 뒤에 숨어서 할머니를 원망하면서 울었다고 했다. 내담자는 철없던 시절, 할머니를 원망하고 불평했던 일들을 모래상자에 표현함으로써 할머니에 대한 애정을 나타내면서 용서를 구하고자 하는 심정을 표현했다.

슈퍼바이저의
의견

연금술 두 번째 흰색(albedo)의 단계로 융은 이 단계가 연금술에서 가장 중요한 단계라고 주장했다. 이 단계는 자아가 무의식을 따르면서 그림자를 비롯하여 모든 억압되고 무의식화되었던 요소를 통합하는 단계이다.

» 제5회기

- **일시:** 2015. 11. 28. 오후 2:00~3:00
- **제목:** 밥상
- **처음 선택한 소품:** 음식
- **마지막 선택한 소품:** 두 딸

중앙에 음식상을 차리고 상 뒤에 집을 놓은 후 상 차리는 본인을 집 앞에, 친정어머니를 집 왼쪽에, 어머니 옆에 남편을, 오른쪽에 두 딸을 놓았다(사진 19).

19 밥상

내담자 표현 및
치료사 느낌

14세 때 병환으로 오랫동안 고생하시다 돌아가신 어머니를 그렸다. 음식도 제대로 못 드셨던 엄마가 살아 계셨더라면 맛있는 음식을 대접하고 싶은 간절함을 표현했다.

내담자는 현실에서 이룰 수 없는 꿈을 모래놀이를 통하여 상상하면서 행복감에 젖어 있다. 5회기에 들어 그동안 힘들었던 과거를 밀어내고 처음으로 행복을 느끼는 듯하다.

슈퍼바이저의
의견

지난 4회기에서 내면을 세척하고 정화작업을 함으로써 긴장이 풀어지게 되었음을 변화된 모래상자에서 볼 수 있다. 이를 통해 안정된 자아 기능이 새롭게 형성되어 자아 통찰이 요리를 하는 모습으로 표현되고 있다.

» 제6회기

- **일시:** 2015. 12. 8. 오후 7:30~8:10
- **제목:** 만남
- **처음 선택한 소품:** 하나님
- **마지막 선택한 소품:** 꽃

중앙 상단에 천국을 만들고 하나님을 놓았다. 하나님 옆에 39세에 돌아가신 어머니와 그 사이에 천사를 놓았다. 천국 밖에서 기도하는 자신과 천사를 놓은 후 천국으로 가는 다리, 천국에 핀 꽃을 놓았다(사진 20).

20 만남

내담자 표현 및
치료사 느낌

돌아가신 어머니가 하나님 옆에 천사의 보살핌을 받고 있는 모습을 상상하며 그렸다. 모래놀이를 통해 상상의 세계에서 꿈에서나 볼 수 있었던 그리운 어머니와 만났다. 눈물겹도록 행복하다고 하였으나, 다리를 건너지 못하고 있다.

슈퍼바이저의
의견

베티 잭슨의 영적인 만남의 단계로 자아와 자기와의 만남은 영적인 세계가 신비스러울 정도로 회복되는 경험을 하게 된다. 경이로움의 요소들이 등장하면서 존경, 신비, 경외심을 동반한 자기의 재배열이 이루어진다. 이 치유의 과정에서 자기의 경험이 시각화되어 이미지는 더욱 대칭적이고 미적, 예술적 감각이 형상화된다. 이것은 영적인 면과의 만남, 자아와 자기와의 만남을 경험한 것으로 치료의 중간 정도라고 볼 수 있다.

» 제7회기

- **일시:** 2015. 12. 17. 오후 7:30~8:10
- **제목:** 기쁨
- **처음 선택한 소품:** 공룡
- **마지막 선택한 소품:** 나비

공룡을 오른쪽 상단 모서리에 놓고 본인을 왼쪽 상단에 놓았다. 꽃들을 놓고, 내담자를 지지해주는 사람들을 왼쪽과 중앙에, 집을 왼쪽 상단 모서리에 놓고 축제 음식을 차렸다. 악단을 주변에 놓고, 나비를 사나운 공룡의 등에 올려놓았다(사진 21).

21 기쁨

내담자 표현 및
치료사 느낌

내담자는 사나운 공룡을 집어 들고 소스라치게 놀랐다. 무서움에 공룡의 머리를 돌려놓았다. 그리고 제일 멋진 주인공이 되어 당당하게 파티를 즐겼다. 예쁜 꽃과 음식, 본인을 지지해주고, 축제를 빛내주는 악단들이 있는 지인들 속에서 자신의 꿈을 펼쳤다. 이제 옆에 있는 공룡은 두렵지 않다고 했다. 내담자는 예쁜 나비를 공룡의 등에 올려놓고 착한 공룡이 되기를 바랐다.

슈퍼바이저의
의견

직장에서 괴롭힘을 당했던 직장상사를 무서운 공룡으로 상징화했다. 회사에 사표를 내고 자신의 명확한 꿈을 실현할 미래의 주인공이 되어 축제를 즐기는 기쁨을 맛보고 있다. 자신의 인생을 즐기며 당당하게 살아갈 준비를 하면서 그 길을 열어가기 위한 마인드컨트롤을 하고 있는 모습을 그렸다.

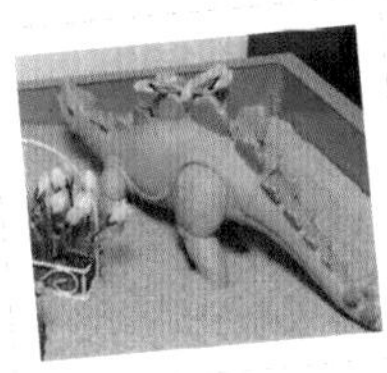

» 제8회기

- **일시:** 2015. 12. 22. 오후 2:00~2:40
- **제목:** 알 깨고 나오기
- **처음 선택한 소품:** 새 둥지
- **마지막 선택한 소품:** 꽃

모래놀이 상황

중앙 작은 섬에 새 둥지를 놓고, 그 옆에 알을 놓았다. 본인(모자를 든)을 놓고 다리를 놓은 후 가족을 놓았다. 커다란 집을 오른쪽 상단에 놓고 섬에 나무와 버섯으로 꾸몄다. 본인이 서 있는 대각선에 앞으로 살고 싶은 집을 예쁘게 꾸며놓고 꽃을 놓았다(사진 22).

22 알 깨고 나오기

내담자 표현 및 치료사 느낌

내담자는 알을 깨고 나온 새를 섬에 놓았다. 알을 깨고 나온 새는 자신이다. 아름다운 집 앞에서 가족들과 자랑스럽게 서 있다. 알을 깨고 나올 수 있도록 가족들의 지지가 있었다. 내담자에게 또렷이 보이는 건너편 펜션은 예쁘게 지어서 배우자 퇴직 후 살집으로 꽃으로 장식했다.

슈퍼바이저의 의견

이번 회기는 연금술 작업에서 승화로 볼 수 있다. 승화는 자아가 자신의 문제나 감정에 대해 가장 적절한 표현을 위해 객관적으로 바라보는 것으로, 어떤 문제에 대한 견해나 통찰력을 갖게 되어 그 상황을 더 분명하게 볼 수 있게 됨을 뜻한다.

» 제9회기

- **일시:** 2015. 12. 29. 오후 6:00~6:50
- **제목:** 환영
- **처음 선택한 소품:** 버섯 집
- **마지막 선택한 소품:** 자신

모래놀이
상황

상단 중앙에 'WELCOM'이라고 쓰여 있는 버섯 집을 놓았다. 오른쪽에 예수, 왼쪽에 천사 2명을 나란히 놓은 후 기도하는 두 사람을 예수 옆으로 놓았다.

23 환영

하단에 타원형의 모양으로 크고 작은 공룡들, 독거미, 알을 깨고 나오는 공룡 새끼 등을 놓고, 집 뒤에 자신을 놓았다(사진 23).

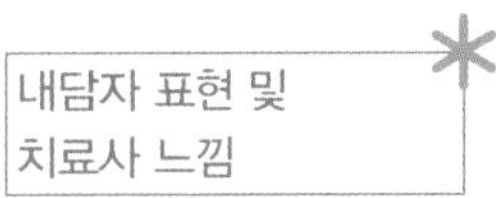

'WELCOM'이라는 문구가 내담자의 마음을 사로잡았다. 현재 모든 것을 환영할 준비가 되어 있는 충만한 마음을 가지고 있다고 했다. 자신의 주변에 예수, 천사, 기도해주는 사람들이 있다. 아래쪽에 보기 흉한 공룡들, 끔찍한 왕거미가 'WELCOM' 뒤에 있는 자신을 바라보지만, 이 모두를 환영한다. 어떤 상황에서도 환하게 웃으며 'WELCOM' 하며 환영할 마음의 준비가 되어 있다. 우리 마음속에서는 선과 악이 늘 싸우고 있지만 내담자는 자신이 행복하면 무엇이든 수용할 수 있고, 주변도 행복으로 물들일 수 있다고 생각하고 있다. 그녀는 앞으로도 이런 마음가짐으로 살아가길 소망한다.

이제 모래상자 여정을 마치고, 선택한 길로 나아가려는 의지를 보이고 있다.

» 제10회기

- **일시:** 2016. 1. 9. 오후 3:00~3:50
- **제목:** 나에게 주는 선물
- **처음 선택한 소품:** 명품 지갑
- **마지막 선택한 소품:** 꽃나무

중앙에 명품 지갑을 놓고, 지갑 옆에 자신을 놓고 선물들을 차례차례 놓았다. 예쁜 집과 음식, 요리사, 꽃바구니, 멋진 자동차를 놓았다. 집 옆에 꽃나무를 놓았다(사진 24).

24 나에게 주는 선물

내담자 표현 및
치료사 느낌

명품 지갑이 먼저 내담자의 눈에 들어왔다. 언젠가 지을 펜션과 요리사가 만들어준 맛있는 요리, 꽃과 자동차를 지금까지 애쓰며 살아온 자신에게 선물했다. 땅에 심어져 계속 예쁜 꽃을 피울 꽃나무도 심어 나를 기쁘게 하겠다는 의지를 보인다. 요즈음 모래놀이치료를 통하여 모든 짐을 벗어놓은 홀가분한 자신에게 선물을 줌으로써 행복을 더하고 싶은 마음을 표현하였다.

슈퍼바이저의
의견

연금술에서 합일은 어떤 한 사람의 인생이나 그의 인격 안에 내재하는 대극의 대결에서 해냄을 뜻하는 것이다. 한 사람의 자아와 자기 사이에 조화로운 관계가 형성된 것으로 서로 다른 입장으로 대치되었던 내적 혹은 외적 갈등을 일으키는 어떤 것들을 조화롭게 하는 것이다.

슈퍼바이저의 최종 의견

모래놀이치료를 종결하면서 과거, 현재, 미래를 정리했다. 연금술 과정에서 대합일을 이룬 것이다. 대합일은 연금술의 최종 단계이다. 모래놀이치료 과정에서 내담자는 심리적 성장을 경험한다.

칼프(1988)는 깊이 있는 작업에 집중하여 긴 훈련기간을 거친 후 주인공이 일상생활로 복귀하는 것에 대한 중요성을 강조하였다. 즉, 개인 생활로 돌아가는 것뿐만 아니라, 가족, 친구들과의 관계, 사회의 구성원으로서의 관계적 맥락에서의 일상생활로 돌아가게 되는 것을 매우 중요한 일로 보고 있다. 이번 상담은 회기 수가 짧아 아쉬움이 있다. 모래놀이치료는 끝나도 끝나는 것이 아니다. 치료가 끝난 후 다시 몇 회기를 제의할 필요가 있다고 보인다. '오늘은 미래의 통로'에서 내담자는 모래상자를 보고 만지면서 흥분하고 울기를 반복하면서 작업을 했다. 이는 과거 어머니와의 빠른 이별에서 이루지 못한 아쉬움이 표출된 것으로 보인다. 1회기, 2회기, 3회기 모두 성장기의 무의식에 갇혀 있던 아픔과 아쉬움으로 과거를 회상한 것이 나타났다. 8회기에서 드디어 알을 깨고 나왔다.

이 사례는 과거에서 현재, 미래로 이어지고 있다. 다니던 직장을 나오게 되면서 다른 사회로 옮겨가기 위한 불안을 이겨내기 위해 자기를 스스로 양육하면서 자신감을 얻기 위한 모래놀이로 보인다. 예로 위험하고 혐오스러운 동물들을 역으로 환영하는 모습과 자신에게 선물을 줌으로써 직장에 사표를 낸 것을 타당화 하는 모습에서 스스로 잘했다는 메시지를 보내고 있다. 그리고 당당하게 성공하겠다는 의지를 보이는 사례이다.

* 4

불안 우울 자아존중감 회복

사례 개요

곱고 날씬한 여성이 아주 조심스럽게 연구소로 들어왔다. 차분하고 조용하게 자기를 소개한다. S시에 거주하는 32세 미혼여성으로 사범대학교를 졸업하였으며, 현재는 회사에 근무 중이다. 미혼여성은 사회적 적응에 대한 불안과 우울감으로 긴장이 높아 스트레스를 받고 있다.

주 호소 문제

30대 초반의 미혼여성은 직장에서나 사회적 관계에서 어려움으로 스트레스를 많이 받으면서 불안과 우울을 자주 경험하게 되고 있다. 이러한 경험은 자기자신을 평가절하 하게 되고, 자신에 대해 무가치한 존재라고 생각한다. 내담자는 모래놀이를 통해 자아존중감을 회복하여 자신을 성공적이고 긍정적인 자아상을 찾고자 상담실을 찾아 온 사례이다.

» 제1회기

- **일시:** 2015. 11. 10. 오전 9:00~10:00
- **제목:** 극복
- **처음 선택한 소품:** 바오바브 나무
- **마지막 선택한 소품:** 오줌싸개

모래를 좌우로 고른 후 바오바브나무를 중앙 상단에 놓고, 왼쪽 하단에 사람의 뼈와 해골 무덤, 해골, 무사 2명, 장승 두 쌍을 놓고, 울타리로 해골 무덤과 큰 해골 주변에 경계를 쳤다. 화산, 악어를 잡고 "으흐~" 손을 떨며 흐느끼며, 바구니에 악어와 물고기를 담고 그 위에 잔디를 덮고는 큰 소리를 울었다. 사다리를

25 극복

상단 위 오른쪽 구석에 놓고 앉아 있는 할머니와 솥단지 화덕을 상단에 놓으면서 울음이 잦아들었다. 울타리로 장승과 바구니 주변에 경계선을 이중으로 쳤다. 분홍색 지갑을 놓으면서 울음을 그친다. 마지막으로 오줌싸개를 놓았다(사진 25).

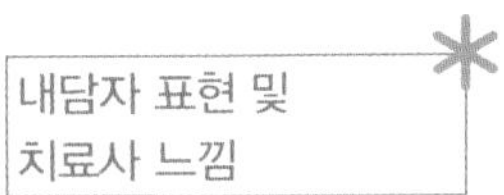

제목은 "극복"이고, 흰 강아지와 오줌싸개는 자신이라고 했다. 악어와 물고기들을 바닥에 놓으면 너무 무섭고 떨려서 바구니에 넣은 후 잔디로 덮은 것이다. 장승을 보면서 주변 사람들의 질타하는 모습이 떠올라 두렵고 무서워서 외할머니가 보고 싶다고 했다.

제목을 '극복'이라고 했지만, 소품의 역동을 보아 혼돈의 상태인 것으로 보인다. 사다리를 뒤쪽에 놓아 탈출을 시도하고 있으나 아직은 에너지가 부족하다. 바오바브나무에 잎사귀가 없고 가지만 있는 것은 자신의 힘든 상황을 나타내고 있는 것 같다. 강아지, 오줌싸개를 자신이라고 표현한 것은 어릴 적 부모나 가족들에게 수용 받지 못했거나 놀림을 당해 슬펐던 무의식을 표현한 것으로 생각된다. 장승, 해골, 무사, 악어, 물고기들을 표현한 것은 내면에 불안과 두려움을 투사하여 표출한 것으로 볼 수 있다. 2개의 울타리로 중앙을 상하로 나눈 것은 양가 감정이 대극으로 나타나는 것이다.

역동을 일으키고 죽음을 극복하고자 하지만 에너지가 부족하다.

» 제2회기

- **일시:** 2015. 11. 17. 오전 9:00~10:00
- **제목:** 동화 속 공주님
- **처음 선택한 소품:** 의자
- **마지막 선택한 소품:** 지갑

모래놀이 상황

두 손으로 모래를 고른 후 파란색 의자를 놓고 공주 인형을 앉히고, 왼쪽에 유아용 의자를 놓았다. 왼쪽 상단에 궁전을 놓고, 오른쪽 상단에는 회전목마에

26 동화 속 공주님

태엽을 감아 음악을 들으며 모래에 놓았다. 왼쪽 하단에 인형을 놓고 그 위쪽에 유니콘으로 경계를 만들었다. 신발 옆에 키를 쓴 우는 꼬마를 놓으면서 내담자는 훌쩍이며 작은 소리로 울었다. 그 옆에 우유병을 빨고 있는 오리를, 기도하는 천사, 한 쌍의 결혼하는 신랑 신부, 마녀를 놓았다. 시계를 놓고 마지막으로 지갑을 놓으면서 울음을 그쳤다(사진 26).

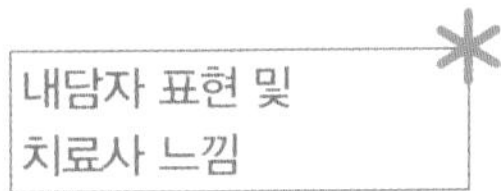

내담자는 어릴 적부터 파란색을 좋아해서 파란색 소품을 놓고 싶었다고 전했다. 회전목마에서 흘러나오는 음악을 들으니 어릴 적 공주 같은 삶을 살고 싶었는데 지금의 모습이 초라하게 느껴졌다고 한다.

의자에 앉아 있는 공주는 현재 힘들고 지친 자신의 모습으로 쉬고 싶은 감정을 표현했으며, 오줌싸개와 우유병을 빨고 있는 오리 역시 어릴 적 자신의 모습으로 보인다. 어릴 적 공주같이 살고 싶었던 모습들이 궁전이나 한 쌍의 남녀 모습에서도 엿보인다. 지갑을 마지막으로 놓으면서 울음을 그쳤다. 이것은 경제적으로 어려움이 표출된 것일 수도 있다. 어린 시절의 정서적 상징물이 많이 등장한 것으로 보아 미해결 과제나 충족하지 못한 욕구가 표현된 것으로 볼 수 있다.

자기 정리가 안 된 혼돈의 상태로 우유를 먹으면서 내면이 성장하고자 하는 욕구와 자기를 죽임으로 다시 살아나겠다는 의지가 투사된 이중 메시지가 엿보인다.

» 제3회기

- **일시:** 2015. 11. 24. 오전 9:00~10:00
- **제목:** 엄마
- **처음 선택한 소품:** 분홍색 세발자전거
- **마지막 선택한 소품:** 흰색 울타리

오른손으로 하단의 모래를 위로 모아 웅덩이를 만들었다. 분홍색 세발자전거를 놓고 조금 망설이다 세 개의 활엽수나무를 놓고 두 그루의 소나무를 놓았다. 상단 중앙에 비행기를 놓고 아래쪽에 독수리를 살며시 놓았다. 휴대폰 두 개를 웅덩이 주변에 놓고, 바다생물, 의자, 파라솔, 침대, 떡시루를 웅덩이에 놓더니 공격하는 자세의 한 소년을 중앙에 놓았다. 금빛 나무와 바오바브나무를 놓고 웅덩이에 한 줌의 공룡들을 휙 던지고 세 마리의 공룡을 그 위에 올려놓았다. 도끼와 창을 웅덩이 옆에 놓고, 스머프 인형을 공룡 사이에 던졌다. 갈고리 안에 넣고 쥐를 모래상자에 던졌다. 그러나 쥐는 모래상자 뒤쪽으로 떨어졌다. 내담자는 다시 갈고리를 이용해 쥐를 웅덩이에 넣었다. 펭귄 두 마리를 세발자전거 앞에 놓고, 흰색 울타리로 웅덩이를 경계를 치고 창과 도끼를 울타리 안으로 집어 놓았다 (사진 27).

27 엄마

내담자 표현 및 치료사 느낌

대학교 졸업 후 임용고시 준비 기간에 많이 힘들었던 기억과 엄마에게 죄송한 마음이 들었다며 울먹이는 모습을 보였다. 처음 놓은 세발자전거에는 어린 시절 홀로 놀던 외로움이 묻어 있고, 웅덩이에 쌓아놓은 소품들과 칼을 들고 있는 천사는 내담자의 암울하고 침울했던 자신의 무의식과 자살 충동을 느꼈을 때의 감정을 투사한 것으로 보인다. 웅덩이의 상징물들은 무의식에서 지우고 싶은 표상들로, 울타리를 치고 있다. 두 마리의 펭귄은 엄마와 자신을 묘사한 것으로 보이며, 비행기와 독수리는 자신도 언젠가는 날게 될 것이라는 암시를 투영한 것으로 보인다.

비상하고 싶지만, 아직은 방법을 찾지 못하고 관망하고 있다.

» 제4회기

- **일시:** 2015. 12. 1. 오전 9:00~10:00
- **제목:** 정복
- **처음 선택한 소품:** 여자
- **마지막 선택한 소품:** 야자나무 파라솔

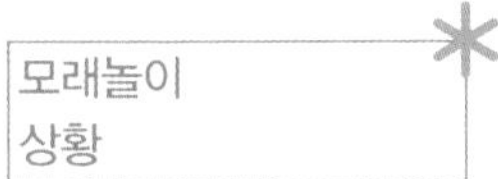

두 손으로 모래동산을 만들고 꼭대기에 소녀를 놓고 동자 6명과 국기, 모자 쓴 소년을 소녀 옆에 놓았다. 모래동산에 펭귄 두 마리를 놓고 마지막으로 야자나무 파라솔을 등대 옆에 놓았다(사진 28).

28 정복

내담자 표현 및 치료사 느낌

소녀는 자신을 표현 것이고, 개를 모래동산에 두면 왠지 무서울 것 같아서 구석에 강해 보이는 할아버지와 같이 놓았다. 초등학교 2학년 때 하굣길에 친구의 교통사고를 목격하게 되었는데, 그 장면이 마치 백지처럼 하얀색으로만 기억난다고 했다. 지금도 사이렌 소리만 들어도 그때의 죄책감에 자신을 잡으러 올 것만 같은 기분이 든다고 했다.

모래상자의 내용은 자신과 친구를 표현한 것으로 보인다. 자신의 우울한 기분을 승리의 깃발과 화사한 금빛 화분을 표현한 것은 반전의 소망이 표출되었으며, 높게 쌓아 올린 언덕은 현재 내담자의 불안한 상태를 반영한 것으로 보인다. 등대와 파라솔은 우울하고 불안한 심리적 상태를 회복하고자 하는 것으로 유추할 수 있다. 배는 어디로 자유롭게 떠나고 싶은 욕구에서 나타난 것으로 생각되며, 현재 자신의 모습에서 40대로 가고 싶다는 것으로 보아 자신의 삶에 대해 회의적으로 생각하는 것으로 보인다.

펭귄이 자주 등장하는 것은 엄마가 어려운 여건에서 가족을 위해 책임을 다하고 있는 모습을 표현한 것이다.

» 제5회기

- **일시:** 2015. 12. 8. 오전 9:00~10:00
- **제목:** 어린 시절 1
- **처음 선택한 소품:** 오줌싸개
- **마지막 선택한 소품:** 각시탈을 쓴 사람

모래를 두 손으로 좌우로 고른다. 오줌싸개와 흰 강아지, 우유병을 빨고 있는 오리를 상단에 놓았다. 오른쪽 상단에는 꽃바구니, 왼쪽 상단에는 한 쌍의 신혼부부와 사각모를 쓰고 있는 여학생을 놓고 신발, 가재도구를 중앙에 놓았다(사진 29).

29 어린 시절 1

내담자 표현 및 치료사 느낌

내담자는 어린 시절을 생각하면 슬펐던 기억이 떠오른다. 모래상자가 비어 있으면 마음이 허전하여 꽉 차게 놓고 싶은 생각이 들었다. 오빠와 동생은 할머니, 할아버지가 많이 예뻐했다고 했다. 자신은 많이 울었던 것으로 기억하는데, 어린 시절 사진을 보면 우는 사진밖에 없고 어릴 때는 못생겼다는 말을 자주 듣고 자랐다고 했다.

어린 시절에 자신의 욕구를 채우지 못해 심리적으로 자신에게 보상하고자 많은 소품을 역동적으로 표현한 것으로 보인다. 할머니와 할아버지가 가족의 중심이 되고 권위적인 모습으로 표현된다. 오줌싸개와 흰색 강아지, 우유병을 빨고 있는 오리는 계속 등장시킨다.

슈퍼바이저의 의견

아직도 미성숙해서 많이 크고자 하는 욕구가 있다. 내면을 키우기 위해서 우유병, 냉장고 등을 놓고 있다.

» 제6회기

▸ **일시:** 2015. 12. 15. 오전 9:00~10:00
▸ **제목:** 비상
▸ **처음 선택한 소품:** 새장
▸ **마지막 선택한 소품:** 펌프

모래놀이 상황

상단 중앙에 새장을 놓고 의자를 세워서 그 위에 새를 올려놓고, 피아노를 놓았다. 운동하는 4명의 소년과 3명의 동자승을 놓고, 피에로와 교복 입은 여학생, 파란색 시계 자동차, 시계와 방석에 앉아 있는 고양이 놓고 마지막으로 펌프를 놓았다(사진 30).

30 비상

내담자 표현 및 치료사 느낌

3일 전에 자동차를 사서 기분이 좋았다. 새로운 직장에 출근하면서 자신이 잘할 수 있을까에 대한 부담감이 컸지만 펌프를 놓으면서 마음이 가라앉는 느낌이었다. 그런데 또 뭔가 불안하고 허전해 많은 소품을 놓았고, 곧 내담자의 마음이 편해졌다.

새장 속에 새가 날아서 의자 위에 앉아 있는 모습이 내담자의 답답한 심정을 위로하고 있다. 일하는 모습의 처녀들을 많이 등장시켜 자신이 감당하기 힘든 상황에서 마음의 짐을 덜려는 것 같다. 사람들이 많이 등장하는 것으로 보아 사람들과의 관계적 소통을 하는 업무를 맡게 된 것으로 보인다.

슈퍼바이저의 의견

펌프는 내면의 밑에 있는 에너지의 힘을 끌어올린다. 그리고 새장 속의 새가 높이 날아가 앉는 모습 등을 통해 힘을 받기 시작하고 활력을 찾아가고자 하는 의지를 보인다.

» 제7회기

- **일시:** 2015. 12. 22. 오전 9:00~10:00
- **제목:** 시선
- **처음 선택한 소품:** 장승 한 쌍
- **마지막 선택한 소품:** 태양

모래를 평평하게 고른 후 장승 한 쌍, 부처, 예수, 피에로를 차례대로 둥글게 놓고, 오줌싸개와 물동이 지고 있는 처녀를 중앙에 놓았다. 태양을 오른쪽 상단 코너에 놓았다(사진 31).

31 시선

내담자 표현 및
치료사 느낌

자신에 대해 혼란스럽고 복잡했던 일주일이었다고 했다. 허둥대는 자신의 모습이 싫고, 전 직장을 다니면서 상사들에게 질책과 꾸지람을 들을 때 자신이 너무 초라하게 느껴졌다고 했다.

장승의 근엄한 모습이 내담자의 전 직장상사를 표현한 것으로 보이며, 물동이를 지고 있는 모습과 오줌싸개는 자신의 힘들었던 상황을 투사한 것으로 볼 수 있다. 여러 회기에 계속 똑같은 소품들을 놓은 것은 내담자의 우울했던 감정들이 모래상자에서 자신과 직면하는 장면으로 설명할 수 있다. 원으로 빙 둘러 있는 수호자들은 현재 불안과 우울로 인한 두려움을 방어하기 위해 안전망을 친 것으로 보여진다. 고양이와 태양은 내담자의 우울한 기분을 따뜻하게 위로받고 싶은 정서를 표현한 것으로 사료된다.

슈퍼바이저의
의견

자신을 힘들게 한 사람들과 마음을 터놓고 풀고 싶은 생각을 하고 있다.

» 제8회기

- **일시:** 2015. 12. 29. 오전 9:00~10:00
- **제목:** 껍질을 벗다
- **처음 선택한 소품:** 러시아 인형
- **마지막 선택한 소품:** 비밀의 문

모래놀이 상황

러시아 인형을 큰 것부터 오른쪽에서 왼쪽으로 두 줄로 놓았다. 주사위 2개는 6이 위가 나오도록 하고, 모래시계, 담뱃대, 욕조와 세면대, 변기를 왼쪽에 놓았다. 폭포를 왼쪽 상단 코너에, 술병을 그 앞에 놓았다. 나비를 중앙에 놓고, 새를 안은 여자와 그 밑으로 '비밀의 문'(내담자 설명)을 놓았다(사진 32).

32 껍질을 벗다

내담자 표현 및 치료사 느낌

주말에 봉사활동을 갔는데 즐거움보다는 우울한 기분이 들고 사람들과 대화를 나누기도 귀찮게 느껴졌다고 했다. 내담자는 아침에 일어나면 우울한 생각이 들었고, 모임에 나가서 사람들과 대화 나누기가 싫었다.

욕실 세트, 폭포는 내담자의 답답한 심정을 물로 정화하려는 내적 표현으로 보이며, 요술병과 담뱃대 역시 연기를 통해 우울한 기분을 해소하려는 것 같다. 러시아 인형도 하나하나 꺼내놓은 것으로 보아 자아를 찾기 위한 노력으로 볼 수 있다. 나비는 가족을 표현한 것으로 보인다. 새를 안은 여자는 날아가고 싶은 자신을 표현하고, 비밀문은 내담자가 뭔가 말하고 싶지 않은 비밀이 있는 것으로 보인다.

슈퍼바이저의 의견

내담자가 '비밀의 문'이라고 한 것은 아직 무의식에서 의식이 껍질을 깨고 나오지 못하고 있는 상징적인 의미로 볼 수 있다.

» 제9회기

- **일시:** 2016. 1. 5. 오전 9:00~10:00
- **제목:** 나
- **처음 선택한 소품:** 유니콘
- **마지막 선택한 소품:** 고래

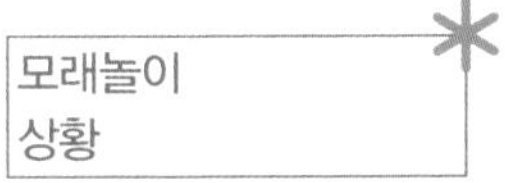

모래를 평평하게 한 후 유니콘을 오른쪽 상단 모서리에, 그 밑으로 작은 연못을 만들고 개구리 한 쌍과 연잎을 놓았다. 그리고 흰색 빈 유모차, 거울을 놓고 요정, 사과나무, 고추나무를 상단에, 돌하르방 한 쌍을 하단에, 연꽃을 연못에,

33 나

스핑크스를 연못 주변에 놓았다. 한참을 망설이다 누워 있는 사람과 절구통을 놓고 고래를 놓았다(사진 33).

내담자 표현 및 치료사 느낌

거울에 비친 모습이 꼭 내담자 본인같다고 했다. 주말에 외할머니댁에 다녀왔는데 외할머니댁 주변을 산책하니 기분이 좋았다고 했다.

거울에 비친 자신의 모습에서 내면의 자기와 만나고 있으며, 누워 있는 사람 역시 자신을 표현한 것으로 보인다. 힘들고 지친 자신의 모습을 풍차, 펌프의 에너지로써 힘을 얻고자 하는 무의식이 나타난다.

슈퍼바이저의 의견

자신의 여러 가지 감정을 다양한 소품을 통해 에너지를 끌어올리려고 한다.

» 제10회기

- **일시:** 2015. 1. 12. 오전 9:00~10:00
- **제목:** 도망치고 싶다
- **처음 선택한 소품:** 빨간색 비행기
- **마지막 선택한 소품:** 사다리

모래놀이 상황

오른손으로 모래를 빙글빙글 여러 번 돌린 후 빨간색 경비행기, 독수리 두 마리, 노란색 비행기를 하늘에 놓았다. 왼쪽에 거울을 놓고 신발 옆에 골을 파서 여러 개의 과일, 채소 열매를 고랑에 줄지어 놓았다. 우체통을 신발 앞쪽에, 물동이를 진 여자를 거울 앞에, 사다리를 마지막으로 풍차 옆에 세웠다(사진 34).

34 도망치고 싶다

내담자 표현 및 치료사 느낌

뭔가 채워지지 않으면 불안하고 허전해 소품을 많이 놓았다. 예전에는 낯선 환경에 대한 두려움이 있어 어디로 떠나는 것에 대한 불안이 높았지만, 지금은 장거리로 출장도 갈 수 있을 만큼 일에 대한 두려움이 조금은 없어졌다.

빨간색 경비행기, 선녀와 나무꾼, 사다리, 신발 등이 출현한 것은 내담자가 '도망치고 싶다'라고 제목을 정한 것과 관련이 있어 보인다. 내담자는 힘든 상황에서 벗어나 어디론가 도망치고 싶은 심정이 표현된 것으로 유추할 수 있다. 물동이를 지고 있는 모습에서 내담자의 짐이 무거워 보인다.

슈퍼바이저의 의견

우체통은 탈출할 때를 기다리는 모습이지만, 사막의 낙타를 통해 힘들지만 참고 있는 모습을 그렸다.

» 제11회기

- **일시:** 2015. 1. 19. 9:00~10:00
- **제목:** 아수라장
- **처음 선택한 소품:** 미라
- **마지막 선택한 소품:** 화산

모래놀이 상황

미라의 관을 중앙에, 도구를 이용해 지네를 놓으며 "으흐~징그러워"라고 말했다. 날개 달린 용을 왼쪽 상단 구석에 놓고 그다음 공룡 여섯 마리와 해골을 놓았다. 마녀를 해골 뒤쪽에, 칼을 들고 있는 천사 요정과 초록색 용을 놓았다. 그

35 아수라장

리고 약탕기를 오른쪽 하단에, 코끼리와 사자를 놓고 마지막으로 화산을 오른쪽 상단에 놓고 절구통을 힘껏 빻았다(사진 35).

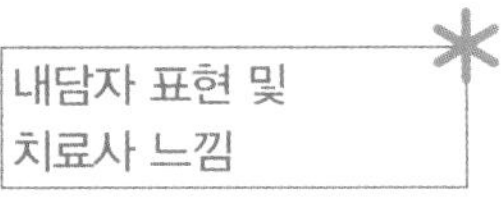

입을 벌리고 있는 공룡을 놓고 싶었는데, 마치 공룡이 내담자를 향해 달려오는 것 같은 느낌이 들었다고 했다. 징그러운 동물을 만질 때는 무섭고 떨리지만 정리할 때는 공포로 인한 정서적 동요가 일어나지 않았다.

내담자는 자신을 저해하는 요인이 스스로라고 하며, 진정한 나는 누구인지에 대해서 고민 중이라고 털어놓았다. 요정은 예전 직장을 다닐 때 '엘리베이터가 멈춰서 이대로 있었으면 좋겠다'라고 생각한 것과 '교통사고가 났으면 좋겠다'라고 극단적으로 생각했던 과거의 내면을 표현한 것으로 보인다. 미라는 3년 동안 일만 하느라 저녁도 못 먹고 2달 동안 살이 6kg이나 빠진, 자신을 돌보지 못한 모습이 반영된 것으로 보인다. 그때를 생각하면 혼란스럽고 힘들었던 모습이 떠올라 '아수라장'이라고 표현했다고 한다.

화산, 미라는 죽고 싶은 욕구를 나타냈지만, 약을 달이는 약탕기나 약을 빻기 위한 절구 등은 아수라장이었던 부정 정서에서 벗어나고자 하는 의지를 나타낸다.

» 제12회기

- **일시:** 2015. 1. 26. 오전 9:00~10:00
- **제목:** 어린 시절 2
- **처음 선택한 소품:** 작은 화분
- **마지막 선택한 소품:** 분홍색 지갑

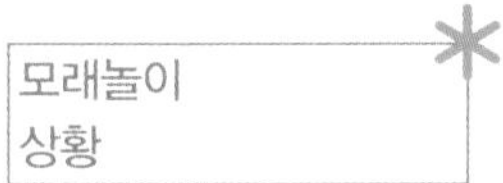

작은 화분, 작은 집, 꽃나무 2그루, 화분 2개와 둥지 암탉, 싸리 바구니와 흔들의자와 탁자를 배치하고 천사를 위에 놓았다. 여자아이 둘, 신발 일곱 켤레를 오른쪽 하단에 나란히 놓고, 왼쪽 하단에 거울과 곰돌이를 놓았다. 한 쌍의 토끼와 집, 마지막으로 지갑을 놓았다(사진 36).

36 어린 시절 2

내담자 표현 및 치료사 느낌

내담자는 어릴 때 엄마가 가게에 일하러 가고 나면 동생을 챙기던 생각이 났다. 부모님은 엄하고 무서웠지만 화목한 가정이었다고 했다.

부모님의 부재로 동생을 챙겨야 하는 책임감이 있었던 것으로 보인다. 작은 화분과 두 여자아이, 누워 있는 엄마와 동생, 알을 품는 암탉과 작은 신발들은 언니로서 돌봄을 표현한 것이다. 거울에 비춰본 곰은 과거 자신의 모습을 탐색해 보는 것으로 유추할 수 있으며, 두 마리의 어미 토끼가 새끼 토끼를 지켜주는 모습에서도 언니의 모습을 표현한 것으로 보인다. 마지막으로 지갑은 경제적 활동을 해서 가족에게 도움을 주고자 하는 마음이 표현된 것 같다.

슈퍼바이저의 의견

휴식과 안정이 필요하며, 경제적인 욕구가 나타난다. 그렇지만 아직은 자기를 성장시켜야 한다고 생각하고, 꿈을 키우는 것이 더 절실하다는 표현을 하고 있다.

» 제13회기

- **일시:** 2015. 2. 16. 오전 9:00~10:00
- **제목:** 용감했던 나
- **처음 선택한 소품:** 이층집
- **마지막 선택한 소품:** 고무신 세 켤레

모래 위에 커피숍을 놓고 불안하게 여자를 지붕 위에 올려놓았다. 모래를 파더니 원앙 · 청둥오리 한 쌍, 아홉 마리의 거북이를 둥글게 배치하고 가운데 작은 섬을 놓았다. 커피숍을 들고 잔디 두 판을 깔고 그 위에 올렸다. 초록색 신발과 나무로 된 꽃신을 놓고 고무신 세 짝을 중앙 하단에 놓았다(사진 37).

37 용감했던 나

내담자 표현 및
치료사 느낌

초등학교 때 이층집보다 더 높은 미끄럼틀 지붕에 올라갔었는데 그때는 무섭거나 불안하지 않았는데 언제부터인가 두려움이 많아졌다고 했다. 용감하고 당당했던 그때 모습을 되찾고 싶어 커피숍을 이층집으로 표현했다.

임용고시에서 여러 차례 떨어져 좌절과 실패를 경험하면서 불안과 우울함이 내담자를 힘들게 했던 것 같았다. 집 아래에 잔디를 놓은 것은 불안한 정서를 낮추려는 방편으로 보이며, 과일은 감정을 투사한 것으로 보인다. 고무신을 놓으면서 마음이 편해졌다고 했는데, 고무신은 내담자가 자주 등장시키는 소품으로 신발을 신고 자유를 찾고 싶은 내적 욕구가 나타난 것으로 보인다.

슈퍼바이저의
의견

어디로인가 가고 싶은 욕망과 어릴 때 당당한 모습을 찾고자 하는 욕구가 보이는 회기이다.

» 제14회기

- **일시:** 2015. 2. 23. 오전 9:00~10:00
- **제목:** 행복했던 시절
- **처음 선택한 소품:** 밥상
- **마지막 선택한 소품:** 짱구와 도라에몽

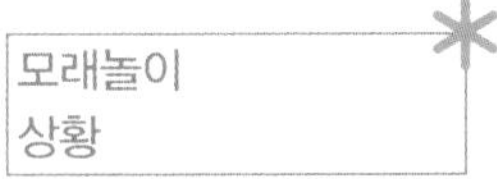

밥상을 중앙에 놓고, 5명의 사람을 밥상 주변에 빙 둘러놓았다. 오른쪽 상단에 흰색 장과 TV를, 왼쪽 상단에 등불과 호롱불을 놓고, 빨간색 화분을 옆에 놓으면서 도라에몽과 짱구를 놓고 끝냈다(사진 38).

38 행복했던 시절

내담자 표현 및
치료사 느낌

내담자는 중학교 때 오순도순 가족과 함께 모여 식사하는 모습을 생각하면서 행복했던 기억을 떠올렸다. 오빠와 한 살 차이인데, 오빠는 장난이 심했고 만화책과 TV를 보는 개구쟁이였다고 했다.

5명의 가족이 모두 모여 식사하는 모습을 연출한 것으로 보아 가족 간의 사랑과 안정적인 모습을 찾아볼 수 있다. 촛불과 호롱불은 자신을 지지하는 것의 상징으로 출현시킨 것으로 보이며, 앞의 꽃들은 자신의 의지가 표출된 것으로 보인다. 회기가 끝날 무렵부터는 차츰 안정을 찾아가는 모습을 발견할 수 있었다.

슈퍼바이저의
의견

밥상의 표현은 자신에게 에너지를 충족시키기 위한 것이고, 촛불과 호롱불로 자기 자신을 스스로 지키겠다는 의지를 보이고 있다.

» 제15회기

- **일시:** 2015. 3. 22. 오전 9:00~10:00
- **제목:** 풍차
- **처음 선택한 소품:** 꽃 화분
- **마지막 선택한 소품:** 풍차

2개의 꽃 화분을 상단 가운데 놓고 가로로 길게 모래를 팠다. 바다에 물고기와 거북, 게, 불가사리 5개를 놓았다. 꽃나무 네 그루를 상단에 나란히 심고, 풍차를 오른쪽 하단에 놓으면서 풍차 날개를 손가락으로 두세 번 돌려 바람을 일으켰다(사진 39).

39 풍차

내담자 표현 및 치료사 느낌

제목은 '풍차'인데 풍차의 날개를 계속 돌리면서 '가슴이 시원하다'고 감정을 표현했다.

마지막 회기에 내담자는 답답하고 우울한 감정이 다소 회복되었다. 시원한 물줄기에 물고기 다섯 마리와 불가사리 다섯 마리는 가족의 상징하는 수로 표현한 것이고, 물고기들이 역동적으로 움직이는 장면이 있어, 자신감을 회복하고 에너지가 생긴 것으로 보인다. 그러나 풍차 날개가 바깥쪽으로 향한 것은 아직은 에너지가 더 필요한 것이 아닌가 하고 생각해본다.

슈퍼바이저의 의견

물고기와 불가사리, 거북이들이 앞을 향해 힘차게 전진하고 있는데, 풍차가 동력을 불어넣고 있다. 미래를 향한 에너지가 움직이고 있다.

연금술과 작업 결과와의 관계

1, 2, 3회기는 연금술의 '검은색(nigredo) 단계'는 심리학적으로 혼돈의 상태로 자아의 퇴행과 죽음을 의미하고, 연금술 과정에서 제일 처음 나타나며 출발을 알린다. 죽음의 의미는 생의 종말이지만, 한편으로는 한 존재에서 다른 존재로 옮겨가는 변환의 모티브이다. 또한 죽음은 육체적인 것에서 정신적인 것으로의 초월적 이행을 의미한다. 역으로 죽음은 대지적인 것으로, 즉 어머니의 영

역으로 되돌아간 것이기도 하다. 이는 자아가 근원적인 것으로 되돌아가서 해체되고 그로부터 재생하는 변용의 과정이다(이유경, 1996). 검은색 단계에서는 죽음과 관련된 해골, 무덤, 웅덩이, 화산 등의 소품이 등장한다. 혼돈된 심리적 상태에서 상처를 찾아가는 과정으로 자신의 무의식에 자리하고 있는 어떤 대상들을 지각할 때 수면 위로 떠오르게 하여 정체성의 혼돈과 충돌하면서 자기의 그림자를 만나게 된다. 자신의 어두운 부분을 죽이기 위해 퇴행하면서 우울, 불안, 분노, 눈물을 흘리는 등의 모습을 보인다.

연금술의 변환과정에서 분리, 죽음 등이 있다. 죽음은 부패와 연관이 있는 부정적 부분에 속할 수가 있다. 이러한 부정적인 측면은 성장, 부활, 재탄생 등의 긍정적 요소로 전환되어 가족과 현실에 적응하고 그 안에 발전 가능한 변화를 보인다. 또한 분리는 바다와 대지, 하늘이 있기 전 혼돈의 상태에서 사물은 일정한 형태가 없었고, 모든 사물이 그 속에서 뒤섞여 있는 상태를 말한다. 그리고 분리는 대극적인 것 사이에서 평균과 균형이 가지는 가치와 관련될 뿐 아니라 법과 정의와도 관련이 있다. 정의는 그들의 화해에 의해서만 달성될 수 있다(Edinger, 2015).

4, 5, 6, 7회기는 두 번째, '흰색(albedo) 단계'로 검정의 상태에서 세척과 정화가 이루어진 상태이다. 이제 물질의 구성요소인 4원소가 의미 있는 통합을 하게 됨으로써, 물질의 기본이 되는 네 가지 색의 합일을 의미하는 흰색이 나타난다. 더 이상 혼돈이 아니라 우주적 질료의 통일적 배치를 의미한다. 이 색이 나타나면 연금술의 과정이 성공적으로 진행되어 거의 최종적인 목표에 접근하고 있다고 한다(이유경, 1996). 모래놀이에서 이 단계에 나타나는 표현들로 바다, 음식, 우유병을 빨고 있는 오리, 물동이를 이고 진 처녀, 다듬이질하는 처녀, 맷돌, 높이 앉은 새, 펌프, 태양 등의 소품이 등장한다. 융은 이 단계가 연금술에서 가장 중요한 단계라고 주장했다. 이때 의식은 아직 완전히 각성되지 않았지만

무의식의 요소들이 많이 통합되면서 자아 통찰이 생겨 무의식적 충동에 휘둘리지 않고 편안함을 느끼게 된다.

연금술의 변환과정은 응고, 용해와 승화과정이라고 할 수 있다. 응고에는 일반적으로 다른 과정이 뒤따르는데 가장 빈번하게 죽음(mortificatio)과 부패(putrefactio) 작업이 뒤를 잇는다. 그러나 응고는 물질을 단단하고 날아가지 않도록 만드는 과정으로 일반적으로 옛 형태가 분해되고 난 후 일어나며 새로운 무엇인가를 창조하는 것과 연관이 있다. 응고는 무의식의 역동성에서 유황에 해당된다고 할 수 있는데, 이는 강박감이 인간에게 주어진 이해할 수 없는 신비이기 때문이다. 그것은 우리 내부에 탈 수 있는 요소로 인해 의지와 이성을 방해하는 훼방꾼이지만, 이제는 그것이 타오르는 불꽃으로서 생명을 주는 온기로 나타난다(Edinger, 2015). 용해는 큰 틀로 본다면 초자연적인 힘과의 만남이다. 그것은 자기와의 관계를 시험하고 확립한다. 그리고 용해는 한 형태가 사라지고 새로운 형태가 출현하는 이중의 효과를 가진다. 이는 물의 힘으로 해체되는 것이 죽음보다 회복의 시작이고, 어둠과 죽음이 지나가고 새롭게 탄생하는 것과 같은 의미이다. 이러한 측면은 긍정적으로 강조되고, 물의 힘으로 물질들이 환원되어 어둠이 사라진 후 지혜가 다가오게 되면 용해는 자아의 무의식과 대면하게 된다. 승화는 어떤 문제에 대한 견해나 통찰력을 갖게 되어 그 상황을 더 분명하게 볼 수 있게 됨을 뜻한다.

8, 9, 10회기는 연금술의 변환과정으로 본다면, 소품으로 8회기는 폭포, 변기, 욕조, 나비, 수(주사위의 6이 2개 놓임) 등을 사용했고 9회기는 유니콘, 거울, 요정, 풍차, 펌프, 과일나무 등을 등장시켰고, 10회기는 소품으로 비행기, 독수리, 채소 열매, 알, 선녀, 담뱃대 등을 사용했는데 이는 승화와 분리 작업을 나타낸다. 상승은 분리와 중첩되기도 한다. 심리치료적으로 볼 때, 승화는 정화로 기술되며, 물질과 영이 무의식적인 오염으로 뒤섞여 있는 경우, 그것은 분리 작업에

의하여 정화되어야 한다. 승화된 영적인 흰색은 상승과 비약을 발휘할 수 있는 힘을 보편적 영혼에 출현을 통해 암시한다(박인효, 1999). 분리 작업의 심리치료에서 흔히 볼 수 있는 문제는 현실적 결정을 할 때 따르는 상반되는 감정이다. 이때 주체와 객체가 분리되는 것이 가장 중요하게 다루어지므로 이러한 결정이 구체적인 것인지 상징적인 것인지를 구별해낼 수 있어야 한다. 주체와 객체가 구별되어 분리되어야 하고 분리가 이루어지면 주체와 객체는 객관적 결정에 쉽게 도달할 수 있게 된다.

11회기는 연금술의 변환과정에서 해골, 마녀, 무서운 공룡, 화산들을 놓으면서 연소 작업을 시도한다. 연소 작업은 깨끗하고 하얗게 하는 것으로 우리를 순수하게 하는 정당하고 유일한 방법이다. 연소는 대극의 합일과도 이미지가 겹치면서 하나의 통합된 인격이 만들어진다(Edinger, 2015). 연소가 이루어지는 과정은 치유과정으로 다시 한번 죽음과 불로 태우는 장면을 반복하면서 재가 된다. 심리치료현장에서 연소는 위험한 작업이며 세심한 배려와 돌봄을 필요로 한다. 연소의 잘못된 방법이 가해질 경우 물질이 석회화되지 못하고 부식된다. 연소를 견뎌내려면 충분히 견고한 정신적 기초가 있어야 하며, 고통을 견디면서 순수하게 남는 것은 최고의 가치를 담고 있다고 볼 수 있다.

12, 13, 14, 마지막 회기는 세 번째, '붉은색(rubedo) 단계'이다. 연금술에서 붉은색은 관능적인 색이며, 신비적 힘과 원숙, 활동의 색깔이다. 또한 땅과 하늘 물질세계와 신비적 우주 사이의 힘든 상승의 길로 밝은 것들과 어두운 것들, 고귀한 것들과 천한 것 등 모든 대극의 통합을 통해 연금술의 목표인 현자의 돌이 탄생할 수 있는 단계이다(김성민, 2009). 분석심리학적으로 해석한다면, 인간이 갖는 보편적 · 집단적인 심상들로 신, 악마, 부모, 지도자 등 사람들이 삶을 영위하면서 형성해온 원형의 이미지를 산출한다.

연금술의 변환과정에서 12회기 소품은 천사, 꽃나무, 화분, 둥지의 암

닭, 엄마와 아기, 토끼 한 쌍, 집 등을 놓았고, 13회기 소품으로는 개구리 한 쌍, 오리, 청둥오리 각 한 쌍을, 14회기 소품으로 밥상, TV, 호롱불 등을 등장시켰고, 15회기 소품으로는 풍차, 물고기, 거북, 불가사리 등을 놓으면서 물이 조용하게 하단으로 흘렀다. 합일(coniunctio)은 연금술에서 가장 중요하게 다루고 있으며 연금술사에서의 화학실험은 전적으로 합일을 목적으로 행해졌다. '합일'이란 용어 자체가 원래 연금술사들의 화학실험에서 유래한 것이다. 융이 개인의 전-인격화의 열쇠는 바로 대극의 합일에 있다고 한 것도 바로 연금술의 내용을 심리학적으로 적용한 것이다(이유경, 1996). 결과적으로 합일은 인간에 있어 고도의 의식성의 실현을 가져오는 인간정신의 문제이다. 다르게 표현하면, 연금술의 과정은 인간에게서의 '깨달음' 혹은 '인식'의 문제와 관련된 것이다. 합일은 인식에 있어 두 단계의 변화를 가져온다. 첫 단계의 합일은 자기 인식에 도달하는 것이다. 이는 자기와 아니마와의 결합에 앞서 개인 무의식과 통합에 의하여 자아의 의식의 영역을 최대한으로 확장한 상태에 이르는 것이다. 두 번째의 합일에 의하면 신적 지혜에 이르게 된다. 이것은 아니마(anima)와의 결합을 통하여 집단무의식의 영역을 의식화함으로써 이르게 되는 인식을 말한다(이유경, 1996). 이때 내담자의 자아와 자기 사이에 있는 갈등의 요인에 다양한 방면으로 조화를 이룰 수 있게 하는 것이다. 심리치료에서 객체적인 정신에 열려 있는 자세가 내담자와 치료사 모두에게 요구되는 것은 내면에서 일어나는 갈등의 문제들이 서로 융합하면서 좀 더 객관적 자아로 변화되는 것이다.

심리치료 과정에서 일어나는 합일은 치료사와 내담자 간 치료라는 비인격적인 틀 안에서 인격적인 관계를 형성하게 된다. 치료의 성과는 치료사와 내담자의 인격에 의하여 크게 좌우되며 두 인격의 만남은 2개의 서로 다른 화학물질이 섞이는 것과 같다. 이는 어떤 종류의 만남이든 합일이 일어나면 둘 다 변형을 맞게 된다. 효율적으로 진행되는 모든 심리치료 과정에서 치료사는 내담자에게 영향을 미친다. 그렇지만 이 영향은 내담자 역시 치료사에게 영향을 미칠 경우에만 발생한다. 만일 치료사가 그 무엇으로부터도 영향을 받지 않는다면 치료사는 그 무엇에도 영향을 줄 수 없게 된다(Edinger, 2015).

32세 미혼 여성은 모래놀이치료 15회기동안 자신을 죽임으로써 새롭게 일어났다가, 다시 슬프고 힘든 시간을 모래에 쏟아놓기도 하면서 스스로 자정(自淨)의 시간을 가졌다. 다시 아수라장을 만들고, 등불을 밝히고, 욕조에서 씻고, 변기에 묵은 감정을 배설하기도 하면서 다시 일어난다. 이러한 과정을 통해 불안과 우울한 감정이 정화되고 가라앉으면서 자아존중감이 탄력을 얻게 되고 회복되어가는 모습을 보여준 사례이다. 이후 내담자에게 연락했을 때 기간제 교사를 하고 있다는 좋은 소식을 전해 들었다.

5 *

사별의 아픔을 딛고

내담자는 20대 초반에 결혼하여 20대 후반에 남편을 교통사고로 잃고, 사별한 지 5년 정도 지나 두 딸을 데리고 미혼인 남자와 재혼을 했다. 주 호소 문제는 재혼 후 가정을 이루고 남편과 아이들 사이를 잘 조율하려는 것에서 오는 긴장과 남편이 본인의 아이를 꼭 낳아 달라고 요구하고 있어서 스트레스를 받고 있다는 것이다. 사춘기인 큰딸과는 의사소통을 거의 핸드폰으로만 소통하고 있으며, 작은딸은 공부에는 전혀 취미가 없어서 남편으로부터 많은 제재를 받고 있어 이런 사실들이 내담자를 힘들게 하고 있다. 남편과 아이들은 상담사로 근무하는 내담자가 일을 많이 하는 것에 대해 불만이 많다. 그러나 그녀는 현재 하는 일을 즐기고 좋아한다. 그녀는 아이들을 길러야 하는 양육의 책임감과 막내 아이를 출산해야 하는 것에 대한 부담감, 가정을 잘 꾸리려는 마음과 자신이 하고자 하는 일을 하려는 마음 사이에서 내적 갈등을 겪고 있다. 내담자는 현재 상황에 잘 대처하려 하지만 자기 생각이나 마음을 내보이거나 공유하는 것에 대해서 다소 소극적인 모습을 보였다. 지금의 생활에서 행복을 찾으려 노력하는 모습과 과거에 하지 못했던 일들에 대해 후회하는 마음도 있다. 이번 모래놀이를 통해 내담자가 진정으로 원하며 가고자 하는 방향에 대해서 스스로 생각해보고 마음을 다시 되돌아볼 수 있는 계기를 마련하고자 모래놀이를 선택하였다.

인간은 누구나 행복한 삶을 추구한다. 그렇다면 행복이란 무엇인가? 어떻게 사는 것이 행복한 삶이며, 좀 더 행복해지려면 어떤 변화가 필요한가? 이러한 물음은 인간의 삶에서 가장 기본적이고 중요한 것이다. 행복은 삶의 궁극적인 목표인 동시에 삶의 과정에서 끊임없이 추구되는 심리적 상태라고 할 수 있다. 실제로 많은 연구가 행복을 추구하는 것은 보편적인 생활현상임을 보고하고 있다. 자신이 행복하다고 느끼는 사람들은 그렇지 못한 사람들에 비해 자신을 사랑하고 긍정적인 정서와 인성 특성을 가지며, 자신이 하는 일에 자발적인 모습을 보인다.

기혼 여성은 일상생활에서 자신에 대해 생각하고 어린 시절을 되돌아볼 여유가 많이 부족하다. 그래서 그저 과거로 묻어두기만 했던 자신의 어린 시절을 다시 꺼내어 생각해보기 위해 모래상자로 여정을 떠나기로 했다.

모래놀이를 통해서 기혼 여성은 자신의 과거와 현재까지의 기억을 떠올리고 정리를 해볼 수 있을 것이다. 모래놀이치료에서 융은 어린 시절의 기억과 성인이 된 후에 기억을 사용하는 것은 정신적 안녕(well-being)에 이르도록 한다고 하였다. 이는 자율적 놀이와 자연적 물질을 사용하면서 이루어진다. 그의 활동은 땅과 물, 근처의 돌, 사실상의 고대 원시적 물질들을 사용하여 만드는 과정들에서 나타나며 이러한 과정은 생활 형태가 발전하면서 다양한 자원과 함께 이루어진다(김경희, 2005). 현실의 생활에 대해 고민하거나 부정적인 정서가 있는 경우 상징물을 통한 모래놀이는 기혼 여성의 사고에 긍정적인 영향을 줄 수 있다.

모래놀이치료를 시작하기 전 사전검사로 K-HTP(Kinetic-House Tree Person Drawing, 동적 집, 나무, 사람) 그림검사를 실시했다. K-HTP 그림검사란 HTP그림검사에 대한 번스(Burns, 1987)의 보완으로서 집, 나무, 사람을 한 종이에 그리게 하여 3요소의 상호 역동성을 파악하는 방식이다. 그림검사의 분석은 발달심리학, 인본주의 심리학, 융의 그림 분석과 꿈의 분석과도 연계를 맺고 있다(Burns, 1987).

사전검사에서 내담자는 스트레스를 스스로 잘 견뎌내려고 노력하는 모습을 보인다. 지붕에 창을 그린 것은 답답한 마음을 해소하고자 하는 내면을 나타내고 있다. 창문에 커튼이 묶여 있는 것은 자기 내면을 처음 만난 상담자에게 모

⑩ K-HTP 그림검사

두 보여주지는 못하는 것으로 볼 수 있다. 대문과 길이 연결된 것은 마음속으로는 소통하고자 하나 겉으로는 표현을 못 하는 것을 나타낸다. 출입로가 좁게 이어지고 나무에 기대어 책을 읽는 모습에서 걱정을 스스로 이겨내고자 하는 양가감정이 있음이 엿보인다. 집과 나무 등에 꽃을 그린 것은 부가적인 것을 그림으로써 안정감을 찾고자 하고 있다.

» 제1회기

▸ **제목:** 할머니

흙을 고루 만지고 정리한 후 잠시 둘러보다가 집을 먼저 골랐다. 초가집은 어릴 적 살던 집이다. 꽃나무와 집이 있고, 집에는 할머니, 아버지, 동생들과 살았는데 돈을 벌러 서울에 간 그녀의 어머니를 대신해 할머니와 아버지가 자신과 동생들을 돌봐주었다. 그녀는 할머니의 말씀을 듣지 않고 친구들과 뛰어놀기를 좋아하는 아이였다고 했다.

40 할머니

내담자는 어렸을 적 할머니와의 기억에서 죄송했던 일을 떠올렸다. 친구들과 재미있게 노느라 할머니가 부르는 소리를 듣지 못했다. 할머니께서 혼내주려고 언덕을 내려오시다가 넘어져 팔이 부러지신 적이 있었다. 초등학교 2학년 때의 일이다. 그 당시 내담자는 할머니께 죄송해했고, 어릴 적에 할머니께서 잘 돌봐주셔서 지금도 할머니가 늘 고맙고 그리운 마음뿐이다. 그런데 할머니께서 최근에 편찮으셔서 속상하고 마음이 아프다고 했다.

그래서인지 상자에 소품을 놓고 나서 슬퍼 보였고, 모래상자에 놓인 그림을 보고 눈물을 글썽이며 사죄하는 마음이 느껴졌다. 어머니의 부재로 인해 할머니 말씀을 잘 듣지 않았던 때를 생각하며 놓은 것으로 보인다. 할머니와의 관계를 통해 연금술의 화덕에 불을 지피고 있으며, 깊고 더운 감정이 올라온 것이 느껴진다.

» 제2회기

▸ **제목:** 선물

내담자가 어렸을 때 아버지는 적은 농토를 가지고 농사일을 하시고, 엄마는 어렵게 살림을 꾸려야 했다. 그래서 시골에서는 가정 경제에 도움이 될 만한 일이 아무것도 없다고 생각해 엄마는 가족들과 의논하여 생활에 조금이나마 보탬이 되고자 돈을 벌기 위해 서울로 갔다.

41 선물

해가 지면 대문 밖을 내다보며 기다리던 엄마가 서울에서 돌아왔다. 가슴이 늘 비어 있는 것 같았다. 사진은 기다렸던 엄마가 선물을 가져온 장면이다. 여동생과 남동생은 엄마와 마주하고 있다. 그런데 내담자는 엄마와 서로 마주 보기보다는 대각선 방향을 바라보고 있다. 이것은 너무 오랜 기다림으로 약간은 서먹한 관계였던 그때의 상황을 보여준다. 사람들 옆에 있는 작은 것은 집인데, 당시에 경제적으로 여유롭지 못했던 것을 작은 집으로 표현한 것으로 볼 수 있다. 엄마가 보고 싶고 늘 기다리던 것과는 다르게 엄마와 거리를 두고 있는 모습으로 당시의 상황을 표현한 것은 내면에서 일어나는 반가움의 양가감정이 표출된 것으로 보여진다. 겨울을 상징하는 나무를 놓은 것을 보면 감정이 차갑고 굳어 있음을 알 수 있으나, 마음을 달래주는 지갑을 놓은 것은 엄마를 받아들이고자 하는 의지를 나타내고 있다.

연금술의 변환과정에서 1회기와 2회기는 변환과 용해로 볼 수 있다. 변환은 고착된 성격의 측면을 먼저 녹이거나 세척되거나 원래대로 환원되어야 함을 말하고, 용해는 사라지는 부정적인 형태와 새롭게 되는 긍정적인 특성이 있다. 오래된 것을 해하는 것은 가끔 부정정인 이미지로 묘사되며 이는 검은색과 연관된다. 검정은 용해가 달성되었다는 것을 의미하며, 새롭게 활기를 띠는 형태로 이어진다.

» 제3회기

▸ **제목:** 놀이공원

내담자는 손으로 모래를 만지고 정리한 후 소품들을 둘러보았다. 처음에 의자를 중앙 왼쪽에 놓았다. 꽃 화분 2개를 의자 양옆에 놓았다. 남자 1명, 여자 2명을 의자 위에 놓고, 여자를 중앙 오른쪽에서 왼쪽을 바라보게 놓았다. 나무 2그루를 오른쪽 상단에 놓았다. 1~2분가량 더 둘러보고 병정과 자동차에 타는 아이들을 오른쪽 부근에 놓았다. 꽃 화분 2개를 왼쪽 하단에 놓고, 회전목마를 왼쪽 상단에 놓았다. 내담자의 엄마는 며칠 동안 집에 머무르면서 맛있는 것을 해주시고, 시골 장에도 데리고 가서 입고 싶었던 옷도 사주셨다. 그래서 내담자도 멀어진 것 같던 서먹함이 조금씩 없어지고 있었다.

42 놀이공원

엄마와 3남매가 놀이공원에 간 모습이다. 놀이공원 입장을 위해 엄마가 표를 끊으러 갔는데, 사람이 너무 많아서 그동안 3남매는 기다릴 수밖에 없었다. 엄마가 표를 끊고 오시는데 1시간이 넘게 걸려서 기다리던 3남매가 울고 있는 상황이다. 당시에 내담자는 엄마를 기다리면서 슬픈 기분이 들었고, 이렇게 커서 생각해도 슬픈 기분이 든다고 했다. 그러나 놀이기구를 타고 내려왔을 때는 기분이 풀려서 괜찮았다. 내담자는 다른 기억보다 그때의 기억을 많이 떠올렸다. 엄마를 기다리던 3남매는 마침내 엄마를 만났지만, 지금도 그 거리는 좁혀지지 않았다.

아이들이 타고 있는 그네 주위에는 꽃나무가 아기자기하게 놓여 있다면, 엄마 주변에는 나무 2그루가 있다. 어렸을 적 일 때문에 바빴던 엄마와의 그 당시 심리적 거리가 드러난 부분으로 서먹했던 어머니와의 관계를 나타내고 있다. 이번 모래상자에서 엄마와의 관계가 조금은 좁혀졌음을 알 수 있지만, 어머니와의 거리로 보아 아직 가까워지지는 않았다는 것을 알 수 있다.

» 제4회기

▸ **제목:** 추억

바다를 좋아하는 여인은 상자의 모래를 손으로 만지고 위쪽 모래를 아래로 내리면서 가운데는 두껍게 만들었다. 소품이 진열된 장을 둘러보다가 제일 먼저 배를 집어서 중앙의 두텁게 쌓인 모래 위에 놓았다. 여자 3명을 배 앞에 놓고, 다시 여자 2명을 가장자리에 각각 놓았다. 등대를 오른쪽 상단 코너에 놓았다. 불가사리와 조개 등을 모래 위에 놓고, 물고기 3마리와 게 1마리를 바다에 흩어놓았다. 중앙 하단에 조약돌들을 놓았다.

43 추억

내담자는 결혼 전이었던 22살 크리스마스이브 때 친구들과 경포대에 갔다. 바이킹을 처음 탔었는데 배가 바이킹이라 생각해 즐거웠던 기억을 나타냈다. 이때 친구들과 정말로 즐거웠고, 다시 철없던 그 시절로 돌아가고 싶은 생각이 들었다고 했다. 친구들은 잘 살고 있는지 궁금하고, 보고 싶으며 모래상자에 소품들을 놓고 나니 기분이 좋다고 했다.

구명보트는 생동감을 나타낸다. 색색의 불가사리를 놓음으로써 자신감을 회복하고 있다. 그러나 배가 모래 위에 있고 물고기가 누워 있는 모습을 통해 에너지가 없는, 즉 살아 있지 않음을 유추해볼 수 있다. 모래 위 자갈은 현재의 고민을 나타내고 있으나 등대를 놓은 것은 자기가 가고자 하는 방향을 제시해 그것을 따라가고자 하는 의지가 있음을 나타낸다. 내담자는 스스로 새롭게 나아가고자 하나 생각할 일들이 많아 잠시 예전의 자유로웠던 시절의 추억을 떠올리며 스토리가 있는 모래상자를 보여준 것이다. 과거를 생각하면 힘들었던 일과 즐거웠던 추억들이 파노라마처럼 기억 속을 지나가는 의식들이 용광로에서 제련되고 있다.

» 제5회기

▸ **제목:** 결혼식

모래를 만지고 위편에 바다를 만들었다. 둘러보다가 왼편 아래쪽에 올라온 모래를 완만하게 했다. 다시 둘러보다가 사람 5명을 놓고 배가 있는 쪽을 바라보게 놓고, 오른쪽 하단에 사람을 3명 놓았다. 그 앞줄에 사람 3명 더 놓았다. 조개 11개를 사람들 앞에 놓았다. 신랑 신부 옆 손으로 길을 만들고, 다시 돌멩이 14개로 신랑 신부 옆에 길을 만들었다. 여인은 사랑하는 남자와 자기가 좋아하는 바닷가에서 결혼을 했다. 그러나 남편은 딸 둘을 두고 교통사고로 죽고 말았다.

44 결혼식

상자 위편에 바다를 만들고, 큰 배와 작은 배 두 척을 바다에 놓았다. 결혼하는 남녀를 등이 보이게 왼쪽에 놓고, 바둑돌로 신랑과 신부가 가는 길을 만든 후 그 끝에 꽃 화분 2개를 놓았다. 오른쪽 하단에 하객을 놓고 그 위에 조개껍질, 돌들을 깔았다. 전 남편과 바닷가에서 결혼식을 했던 장면이다. 모래상자에 표현한 후 기분이 좋지 않았다.

평소에 좋아하는 바다에 가면 죽은 남편이 생각나 마음이 아프다고 했다. 모래상자에 소품을 놓고 다소 기분이 침울해 보였다. 결혼하는 신랑, 신부가 뒷모습을 보이고 있는 것으로 보아 여인에게는 슬프고 회피하고 싶은 기억으로 자리 잡고 있는 것을 알 수 있다. 배는 새로운 곳으로 항해를 시작하려고 하지만, 힘든 기억을 떠올리면서 동시에 다시 새롭게 인생을 잘 살아보겠다는 의지가 엿보이는 장면을 연출했다. 그러나 바다가 끝까지 열리지 않아 아직은 자신감이나 행복에 대한 확신이 없고, 전 남편을 떠나보내야 하는 미해결 과제가 남아 있는 것으로 보인다.

연금술의 변환과정으로 3, 4, 5회기 모두 과거 슬펐던 기억을 떠올리면서 용해와 분리 작업을 하고 있다. 분리에서 우리는 전의식적 단계로 부모와의 분리가 발견된다. 분리는 현실적으로 결정할 때 따르는 상반된 가치가 함께 나타나는 것이다. 사별한 남편과 심리적인 분리를 해야 하는 문제로부터 혼란스러운 감정들이 다른 두 차원으로 표현되었다. 이러한 분리가 서서히 일어나면서 객관적으로 관망할 수 있게 된다.

» 제6회기

▸ **제목:** 실패했던 경험

내담자에게 슬픈 감정을 그림으로 표현하면서 마음 정리해볼 것을 제안했다. 그림을 그리는 초현실주의 기법은 결국 프로이트가 내적 갈등을 해소하기 위해 무의식을 의식으로 표출하는 과정과 유사하며, 미술을 통하여 자기치유에 이르게 되는 과정(장은영, 2011)이다.

첫 번째 그림은 바다의 물결이 세차게 몰아치고 있는 장면을 표현했다(그림 11). 다른 하나는 어린 나이에 결혼하여 철없던 시절, 결혼생활에서 경험했던 많은 일을 눈물로 떠나보내는 이별을 그림에 담았다(그림 12). 갑작스레 당한 고통스러운 상황은 20대 후반 여인의 삶을 멘탈과 자아가 붕괴되는 상태로 만들었다. 여인은 30대 초반 슬픔의 길에 있던 모습을 표현했다. 본인을 위해, 아이들을 위해서 새로운 출발은 꼭 해야 할 과제다. 오늘 미해결 과제를 풀 수 있는 시간을 가진 것 같다.

미술은 치료적 관점에서 내담자가 뒤돌아보지 않고 앞으로 나갈 수 있는 힘을 실어준다. 가슴속 깊은 곳 닫아두었던 샘에서 솟은 눈물이 미해결 과제를 풀어주는 의식을 치른 것으로 보인다.

⑪ 실패했던 경험

⑫ 눈물

» 제7회기

▸ **제목:** 결혼식(재혼)

여인은 한부모 가정의 가장이었다. 남편에게 철없이 굴고 제대로 못 해준 것에 대한 미안한 마음으로 두 딸을 열심히 키우겠다는 신념을 갖고 살았다. 고등학교를 다니다가 2학년 때 학업을 그만두었으나 현실에서 부딪치는 여러 문제를 해결하기 위해 방송통신고등학교에 2학년으로 재입학했다. 그리고 그곳에서 사랑하는 사람을 만나게 되었다. 처음에는 남자의 일방적 구애였지만 경제적인 문제와 점점 커가는 두 딸의 양육문제 등 모든 상황을 함께 나누겠다는 남자의 청혼을 결국 받아들였다. 사실 여인도 결혼을 원하고 있었다. 여인은 먼저 딸들과 의논한 후 아이들의 허락을 받고 초혼인 남자와 두 딸을 데리고 재혼을 했다. 재혼할 남자의 집안에서는 의견이 분분했지만 남자가 여인을 사랑하는 마음이 진실하고 강한 의지를 보임으로 눈이 쌓인 겨울 두 사람은 결혼식을 올렸다. 양가에서도 새로 출발하는 부부를 위해 진심으로 축하를 보냈다.

45 결혼식(재혼)

⑬ 나를 닮은 꽃

두 딸과 자신을 위해 새출발한 여인은 상징으로 백합을 그렸다. 그리고 자신에게 다음과 같은 격려의 말을 썼다(그림 13).

나를 닮은 백합꽃에게

백합아!

지금처럼 포기하지 말고 최선을 다해 피어나렴…….

활짝 피어나렴!

» 제8회기

▸ **제목:** 새로운 가족

여인은 재혼 3주년을 맞았다. 남편은 결혼 전 두 딸을 위해 내 아이는 낳지 않아도 된다는 약속을 잊어버렸는지 아기를 원한다. 모래상자에서는 새로운 가족으로 아기를 부부 옆에 두고 있다.

사랑은 주고받는 것으로 둘은 정이 좋은 부부로 잘 살고 있다. 그리고 남편은 딸아이들에게 아빠로서 최선을 다하고 있다. 아무 걱정이 없이 고마워하면서 사는데 아기에 대한 문제로 마음의 부담이 느껴진다. 시어머님께서 "돈 벌어서 남의 새끼만 길러주고 네 아이는 언제 가질 거니?"라는 말씀이 영향을 미친 것 같다. 조르시던 시어머님께서 지병으로 돌아가신 후에도 남편은 그 문제를 계

46 새로운 가족

⑭ 사랑이란

속해서 대화의 주제로 삼는다. 여인은 남편 입장이 되어보며, 결혼 전 약속을 지키라고 강요하는 것은 맞지 않는다는 생각이 든다. 아들을 원하는 남편을 기쁘게 해주기로 마음먹고 새로운 가족을 맞이하기 위해 노력한다.

태어날 새로운 가족(아기 침대 속의 아기)을 맞으려고 준비하는 모습은 가정의 행복을 위한 에너지로, 지금 이룩한 새 보금자리를 지키고자 하는 간절한 마음이 표출되어 있다. 그것을 그림으로 표현해 보도록 했다. 여인은 사랑은 서로의 마음을 주고받는 것인데 지금까지 일방적으로 받기만 했다고 한다.

연금술의 변환작업은 승화와 합일이다. 7회기와 8회기에서 여인은 결혼하는 모습과 아기의 탄생을 기원하는 소품들을 놓았다. 합일은 외적인 측면과 내적인 측면 모두를 가지고 있으면서 어떤 한 사람의 인생이나 그의 인격 안에 내재하는 대극의 대결을 해내는 것을 뜻한다. 이는 한 사람의 자아와 자기 사이에 조화로운 관계가 형성된 것으로 서로 다른 입장으로 대치되었던 갈등을 조화롭게 하는 것이다.

» 제9회기

▸ **제목:** 큰딸이 태어난 날

침대를 중앙 위쪽에 놓고, 왼쪽에 서랍장, 오른쪽에는 아기 침대를 놓았다. 아기 침대에 아기를 놓고, 겨울을 상징하는 나무를 오른쪽에, 그 아래에 꽃바구니를 놓았다. 겨울나무를 상징하는 하얀 원뿔, 눈사람, 하얀색 집 3채를 왼

47 큰딸이 태어난 날

쪽에 모래를 치우고 놓았다. 큰 침대에 여자를, 아기 침대 옆에 할머니를 놓았다. 친정어머니께서 산후조리를 해주시러 오셨다고 했다. 그러나 상자에 어머니는 놓지 않은 것으로 보아 어머니와는 아직도 마음의 거리가 있음이 느껴진다. 여인은 창밖을 내다보고 있다. 이것은 어릴 때 불안전 애착에서 오는 어색함으로 볼 수 있다.

내담자의 큰딸이 중학교 1학년이 되던 해 그 무섭다던 사춘기가 왔다. 딸아이가 방문을 열어주지 않아 엄마는 방문 앞에서 핸드폰 문자로 연락한다. 내담자는 큰딸과 트러블이 많아서인지 큰딸이 태어나던 날을 떠올렸다. 11월 눈이 많이 오던 날 큰딸이 태어났다. 눈이 와서 좋고 첫아이라 기쁘면서도 딸이 나처럼 훗날 출산의 고통을 받아야 할 생각에 우울한 기분이 들었다. 요즈음 큰딸은 여학생의 전형적인 사춘기 모습을 보인다고 했다. 딸이 태어났을 때 기쁘고 행복했던 때를 생각하며 조금 더 이해하고 사랑해주고 싶다는 마음을 모래상자에 나타냈다. 여인은 모래상자를 놓고 난 후 딸에게 좀 더 신경을 쓰고 사랑한다는 표현을 해야겠다고 다시 한번 다짐했다.

» 제10회기

▸ **제목:** 여행

내담자는 여인은 큰딸과의 신경전을 벌이고 있으며, 초등학교 4학년인 작은딸은 학업에는 전혀 관심이 없고 머리 만지는 일과 인형 놀이에만 관심을 보여 아이들 걱정에 스트레스를 받고 있다. 남편의 바람대로 노력하고 있지만 병원에서는 다이어트가 선행되어야 한다고 하여 피곤하다.

내담자는 손으로 모래를 고른 후 집을 가져다 놓았다. 모래에 강을 만들고 배를 놓고 물고기 8마리를 놓았다. 집 2채를 오른쪽 상단에 놓고, 집 뒤쪽 꽃나무를 왼쪽에 놓았다. 풍차 집을 작은 집 2채 오른쪽 옆으로 놓았다. 원앙 한 쌍을 강 오른편에 놓았다.

48 여행

내담자는 여행을 가서 머리를 식히고 싶다는 생각이 들었다고 했다. 남편이 둘이서 가까운 홍콩으로 여행을 가자고 했다. 두 아이가 자기들을 데리고 가지 않으면 절대로 못 간다고 떼를 써서 가려고 했던 여행이 취소되었다. 내담자는 여행에서 새해의 좋은 기운을 얻고 싶었는데, 섭섭하고 아쉽다고 했다. 그녀는 어디든 가서 에너지를 받고 싶었다. 공부를 마무리하고 대학원에 갈 생각에 기분이 좋고 올해는 꼭 할 수 있다는 다짐을 해보았다.

하지만 내담자의 바람과는 달리 모래상자에 물이 고여 있어 에너지의 흐름이 원활하지는 않고, 풍차를 돌려 역동을 일으키고자 하나 물고기들이 누워 있는 모습에서 아직은 때가 아닌 듯하다.

9회기와 10회기는 연금술의 변환에서 응고에 해당된다고 볼 수 있다. 응고는 충분하게 구체화 된 변환으로 초기 정신적인 발달의 전 과정, 즉 객체적인 정신과 일체된 근원적인 상태로부터 자아가 탄생하는 과정이다.

» 제11회기

▸ **제목:** 산책

내담자는 걷고 싶은데 겨울이라 춥고 힘들다고 했다. 그녀는 식물원이나 나무가 있는 숲에 가고 싶어 한다. 흰 말은 그녀이고 검은 말은 남편이다. 남편과 많이 걷자고 약속했고 거닐면서 대화하는 것은 좋은 시간을 보낼 수 있어서 좋다고 했다. 그녀는 수목원에 다시 가보고 싶어 한다. 내담자는 모래상자에 산책하는 장면을 놓고 나서 기분이 좋아 보였다. 그녀는 휴식이 필요하다는 생각이 든다고 했다.

소품을 둘러보다가 꽃 화분을 놓았다. 흰 말, 검은 말을 왼쪽 하단에 놓았다. 빨간 꽃 화분 2개를 오른쪽 상단에 놓았다. 꽃나무 3그루를 왼쪽 상단에 놓았다. 버섯을 중앙 하단에 놓았다. 꽃나무 3그루를 오른쪽 하단에 놓았다.

49 산책

모래놀이상자 전체를 사용하며 상자의 분위기 자체도 매우 편해졌다. 꽃나무들처럼 성장하고 싶어 하며 주위 사람들이 자신을 능력 있는 사람으로 인정해주기를 원한다. 남편과 나를 말로 표현했고, 그 길을 조약돌로 장식한 것은 남편과 같이 상의하여 결정된 길을 가겠다는 것을 나타낸다. 또한 두 말을 같은 출발선에 놓은 것은 남편과 함께 나아가고자 하는 것이다. 그런데 출발선에서 본인의 하얀 말이 좀 더 앞에 있는 것은 남편이 자신의 의견을 조금 더 들어주고 받아주기를 바라는 마음을 나타내는 것으로 볼 수 있다.

부부가 서로 대화를 통해 의견을 나누고 존중하는 모습이 좋아 보인다. 나무가 있고 꽃이 있는 길을 걸으며 앞으로 나아가고자 하며, 그 삶이 순탄하게 전개되기를 소망하는 상자로, 부부의 모습에서 행복함이 느껴진다.

» 제12회기

▸ **제목:** 여유로움

여자의 뒷모습이 보이게 놓았다. 음식이 있는 식탁을 중앙 오른쪽에 놓고 의자를 마주 보게 놓았다. 의자 위에 여자를 앉혀놓았다. 꽃바구니 2개를 오른쪽 상단에 놓았고, 화분 꽃바구니를 하단에 놓고 나비 3마리를 그 위에 놓았다. 조개 2개를 왼쪽 상단 모서리에 놓았다. 조약돌을 많이 집어 왼쪽 벽에 늘어놓았다.

왼쪽은 과거의, 오른쪽은 현재의 내담자의 모습이다. 왼쪽의 모습은 사별 후 힘들었을 때로 바다를 바라보면서 우울했던 모습이다. 그녀가 이러지도 못하고 저러지도 못하던 시절로 지금도 그때를 떠올리니 슬프다고 했다. 바다는 여전

50 여유로움

⑮ 꽃과 나비

히 쓸쓸하고 슬퍼 보인다. 현재는 여유롭고 꽃을 즐길 수 있고 마음이 편해졌다고 했다.

왼쪽과 오른쪽의 모습이 대극을 이루고 있다. 과거의 힘들었던 모습은 왼쪽에 뒷모습과 자갈돌로 표현했다. 외롭고 쓸쓸한 모습이 그대로 드러나고 있다. 오른쪽에는 혼자 앉아 차를 마시고 있는 모습이 보인다. 지금은 다른 사람과 어울리기보다는 혼자만의 시간을 갖고 싶어 하는 마음을 나타내고 있다. 과거의 힘든 모습에서 현재의 편안한 모습의 전환을 모래상자에 대조적으로 표현했다. 〈사진 50〉에서 나비는 보이지 않는 무엇이 나를 도와주기를 바라는 마음을 나타낸다. 오른쪽 나비를 통해 행복으로 가는 작은 움직임을 볼 수 있다.

» 제13회기

▸ **제목:** 오전 10시

모래를 만진다. 시계를 중앙 위편에 놓고 시간을 10시로 맞춘다. 유니콘 2마리를 시계 앞에 마주 보게 놓았다. 손으로 도로를 만든 뒤 여러 색의 자동차를 한 줄로 세우고 꽃 화분 4개를 왼쪽 화단에 놓았다. 여자를 오른쪽 아래에 놓고 모래상자를 바라봤다. 초록, 파랑 자동차를 앞으로 옮기고 가운데 남색 자동차를 놓았다.

가족 모두가 자기의 할 일을 찾아 떠난 오전 10시가 제일 좋고 편안하며 안정된다고 했다. 책 보는 여자를 놓고 싶었는데 부자연스럽고, 유니콘도 꼭 놓고 싶었지만 놓은 적이 없어서 그런지 놓고 나니 부자연스럽다고 했다. 모래상자

51 오전 10시

를 다 놓고 난 기분은 편하고, 오전 10시라는 시간이 서두르지 않고 커피를 즐길 수 있는 시간이어서 안정되고 여유롭다고 전했다. 중앙에 자동차는 미래를 향해서 힘차게 달리고 있어 내담자 내면에서 숨 쉬고 있는 에너지를 엿볼 수 있다. 시계를 놓음으로써 모래놀이를 마칠 때를 알리는 메시지로 볼 수 있다. 유니콘을 놓아 미래 계획이 이루어질 것을 바라는 마음을 표현한다. 시계는 정체된 자아를 깨우는 시각을 알려주는 에너지로 분석이 가능하다.

연금술 변환작업으로 11, 12, 13회기를 연소와 승화로 볼 수 있다. 연소는 자유로운 정서와 감정의 콤플렉스 작동을 멈추게 하고 무의식의 오염을 희게 하며, 소망이 좌절됐던 경험에서 새로운 자신의 모습으로 변환시킨다. 승화나 상승 역시 하양단계의 정화과정과 관련되어 좋은 결과를 가져오기 때문이다.

» 제14회기

▸ **제목:** 행복

부엉이 2마리를 중앙 약간 위에 놓았다. 꽃 화분 2개를 부엉이 좌우로 하나씩 놓았다. 또 꽃 화분 2개를 부엉이 뒤에 놓았다. 꽃 화분 3개를 부엉이 앞에 놓았다. 조약돌을 중앙에 놓았다. 나비 2마리를 3개의 화분 사이에 놓았다.

부엉이를 놓고 내담자는 편안하고 기분이 좋아 보였다. 마지막 회기라 아쉽기도 하다면서 소품을 더 놓아서 상자를 채우고 싶어 했다. 빨간색 부엉이가 '나'이고 행복해 보인다고 했다.

모래 위 소품을 놓은 모양이 둥근 원이다. 부엉이 2마리는 정답게 짝을 이루고 있다. 아래쪽의 나비는 남편이 원하는 임신 소식이 있기를 기다리는 마음

52 행복

을 나타낸다. 전체적으로 조화를 이루고 있고 만다라의 형상처럼 보이기도 한다. 지금까지는 자신의 내면을 펼쳐 내보이며 마음속에 가지고 있던 즐겁거나 힘든 기억들을 정리했다면 마지막 회기에는 자신의 마음을 모으고 정리하며 자신의 미래에 대해서 기대감을 가지고 새로운 방향으로 나아가고자하는 모습을 보여주고 있다.

행운을 부른다는 부엉이를 통해 행복한 가정을 이루고자 함을 나타내고 있으나 소품들이 여유롭지는 못하다. 부엉이 밑에 돌을 놓음으로써 사춘기 딸과의 의사소통 문제, 남편이 소망하는 아기 등의 해결할 과제가 있음을 표현하고 있다. 그러나 정신적으로 만다라에 '들어가' 그 중심(부부)을 향하여 '전진'한다는 점과 복과 부를 부른다는 부엉이, 나비효과 등은 행복의 태동으로 여운을 남긴다. 만다라, 부부를 상징하는 부엉이, 일상의 안정된 이야기가 등장하며 연금술 변환 과정에서 합일을 설명하고 있다.

내담자에게 KHTP 사후 검사를 실시했다. KHTP 사후 검사(그림 16)에서는 여인은 밝게 웃으며 커피를 즐기고 있다. 집 창문에 커튼이 사라진 것은 자기 내면에 대해서 크게 감추거나 숨기는 것이 없어진 것을 나타낸다. 집과 연결되는 출입로가 더 넓어져 타인과의 교류에 대해서도 긍정적으로 변화한 것을 알 수 있다. 나무의 줄기는 사전 검사보다 좀 더 안정적이고 나무의 전체적인 모습도 조금은 더 안정된 모습을 보인다. 태양이 가까운 것은 재혼한 남편이 지켜주는 것에 대한 안정감과 만족감을 나타낸다. KHTP 사후 검사를 보면서 행복한 사람은 덜 행복한 사람에 비해 스트레스에 잘 대처하고 건강하고 즐거운 생활을 하고 있으며, 모든 부분에서 만족해한다는 보고(최윤정, 2009)와 같은 맥락을 보여주고 있다.

여인은 슬프고 회피하고 싶은 기억으로 자리 잡고 있는 사별한 전 남편에 대한 힘든 기억을 떠올리면서, 과거를 추억하며 즐거웠던 일을 꺼내놓았다. 동시에 다시 새롭게 인생을 살아보겠다는 의지가 엿보였다. 현실적인 문제들로는

⑯ KHTP 사후 검사

태어날 아이에 대한 생각과 그것이 주는 부담감과 기대감 사이에서 고민했다. 그리고 지금의 여유로움을 즐길 수 있는 감사한 마음을 표현했다. 특히 '여행', '산책', '오전 10시', '행복'이라는 주제에서 사별의 슬픔을 딛고 일어나 행복을 향해 전진하고자 했다. 풍차로 에너지를 끌어올리고, 원앙, 부엉이 등의 상징을 통해 부부가 같이 어려움을 극복하며, 남편과 같이 상의하여 결정된 길을 가겠다는 것을 표현했다. 이것을 나비효과로 설명하기도 한다.

연금술 변환과정에서 검은색의 단계, 흰색의 단계, 빨간색의 단계를 거치면서 대합일을 이루며 모래놀이 상자에서 여인의 여정을 마쳤다. 연소, 용해, 응고, 승화(상승), 죽음, 분리, 합일 등이 반복되면서 서로 상승작용하였고, 이를 통해 내담자의 모래놀이는 이제 전 남편과의 사별 후 아픔을 딛고 행복을 찾아 떠나고 있다.

참고문헌 *

고영건 · 안창일(2011), 『심리학적인 연금술』, 시그마프레스.

김경희(2005), 『모래상자 놀이치료 상징과 판타지』, 양서원.

김경희 · 이희자(2005), 『모래상자 놀이치료』, 양서원.

김미순(2014), 「스튜디오 미술치료가학교부적응 청소년의 자아존중감에 미치는 영향」, 가천대학교 석사학위논문.

김보애 역(2006), 『분석심리와 모래놀이치료』, 가톨릭 출판사.

김보애(2007), 『만남의 신비』, 가톨릭 출판사.

김보애(2015), 『모래놀이치료의 이론과 실제』, 학지사.

김성민(2012), 『분석심리학과 기독교』, 학지사.

김숙희(2013), 「정서중심 모-자녀 놀이치료 프로그램이 상호작용 및 분노조절에 미치는 효과」, 대구대학교 박사학위논문.

김진안(2015), 「모래놀이치료를 활용한 학교상담이 청소년의 정서 · 행동문제에 미치는 효과」, 『모래놀이상담연구』 11(2), pp.24~51.

김현화(2016), 「연금술적 심리학 관점에서 본 레메디오스 바로의 삶과 작품」, 『연세상담코칭연구』 5, pp.105~128.

문채련(2010), 『모래상자 이야기』, 이담북스.

문채련 · 이현주(2015), 『미술치료와 교류분석』(개정판), 양서원.

박인효(1999), 「랭보시와 연금술」, 『인문과학연구』 21, pp.179~212, 조선대학교 인문과학연구소.

신미경(2013),「미혼모의 모래놀이치료과정에서 나타나는 연금술적 변화」, 명지대학교 대학원 박사학위논문.

山中療俗 · 김유숙(2005),『모래놀이치료의 본질』, 학지사.

이부영(2004),『분석심리학』, 일조각.

이부영(2005),『그림자』, 한길사.

이부영(2011),『한국민담의 심층분석-분석심리학적 접근』, 집문당.

이유경(1996),「서양 연금술의 심리학적 의미」,『심성연구』 11, pp.21~26.

이혜란 · 왕영희(2016),「모래상자의 "낙타" 상징에 대한 연구」,『놀이치료연구』 19(2), pp.147~157.

전은청 · 이해진 · 이진숙(2012),「아동을 대상으로 한 분노조절프로그램 경향 분석: 2000년~2010년도 국내논문을 중심으로」,『아동과 권리』 16(1), pp.73~95.

최윤정(2009),「유아교사의 행복증진 프로그램 개발 연구: Seligman의 강점을 중심으로」, 성균관대학교 대학원 박사학위논문.

최진아(2008),「우울, 불안 특성을 보이는 청소년에 대한 상담사례연구」,『대한가정학회』 46(5), pp.123~135.

Abt, T., 이유경 역(2008), *Introduction to picture Interpretation*,『융 심리학적 그림해석』, 분석심리학연구소(Orginal Work published 2005).

Ammann, R., 이유경 역(2009), *Der SchÖpferische Weg der PersÖnlichkeitsentwickiung*,『융 심리학적 모래놀이치료: 인격발달의 창조적 방법』, 분석심리학 연구소(Orginal Work published 2001).

Aromatico. A., 성기완 역(1998),『연금술: 현자의 돌』, 시공사(Orginal Work published 1996).

Bachelard, G., 정영란 역(2002), *LaTerre et les Reveries du Repos*, 『대지 그리고 휴식의 몽상』, 문학동네(Orginal Work published 1974).

Boik, A. L.,&Goodwin, E. A., 이진숙 · 심희옥 · 한유진 공역(2012), *Sandplay Therapy: A step-by-step Manual for Psychotherapies of Diverse Orientations*, 『모래놀이치료: 심리치 료사를 위한 지침서』, 학지사(Original Work Published 2000).

Bradway, K.(1994), *Sandplay is meant for hearing. Journal of Sandplay Therapy* Vol. 3(2), pp.9~12.

Burns, R. C. (1987), *Kinetic-House-Tree-Person Drawings(K-H-T-P): An Ierpretative Manual*, Brunner-Routledge.

Carter, L.&Minirth, F.(1993), *The Anger-Workbook*, Thomas Nelson Publishers.

Coudert, A., 박진희 역(1995), *Alchemy: The Philosopher's Stone*, 『연금술 이야기』, 민음사(Orginal Work published 1980).

De Domenico, G. S.(1988), *Sand tray world play: A comprehensive guide to the use of sand tray play in therapeutic transformational settings*. Vision Quest Into Reality, 1946 Clemens Rd., Oakland, CA 94602.

Edinger, E. F., 김진숙 역(2015), *Anatomy of the Psyche*, 『연금술의 상징과 심리치료』, 돈화문 출판사(Orginal Work published 1991).

Fontana, D., 최승자 역(1999), 『상징의 비밀』, 문학동네.

Friedman, H.,&Mitchell, R. R(2005), *Intial trays in sandplay, Jung on the Hudson: the wonder and mystery of sandplay*, N.Y. Center for Jungian Studies, Rhinebeck, NY.

Gillotti, S.(2002), *The turtle: Symbol of ancient wisdom and new life*. *Journal of Sandplay Therapy*, Vol.11, No. 1, pp.51~61.

Homeyer, L. E.&Sweeney, D. S., 정경숙 · 우주영 · 정미나 공역(2014), *Sandtray Therapy; A Practical Manual(2nd ed.)*, 『모래상자치료』, 학지사.

Jackson, B.(2007a), *Supervision of Sandtray Therapy*, Routledge.

Jackson, B.(2007b), *Understanding Sandplay Press.*, 「모래놀이 과정에서 나타나는 연금술적 상징」, 한국모래놀이치료학회 국제 초청세미나 자료.

Jung, C. G.(1983), Alchemical Studies, *The collected works of C G. Jung*, Vol. 13, Hull. R. F. C. Trans, Princeton University Press(Orginal Work published 1968).

Jung, C. G., 한국융연구원 융저작번역위원회 역(2004), *Grundwerk C. G. Jung Bd. 3 PersÖnlichkeit und Übertragung*, 『융 기본 저작집 3권-인격과 전이』, 솔 출판사.

Jung, C. G., 한국융연구원 융저작번역위원회 역(2005), *Grundwerk C. G. Jung Bd. 7 Symbol und Libid*, 『융 기본 저작집 7권 -상징과 리비도』, 솔 출판사.

Jung, C. G., 한국융연구원 융저작번역위원회 역(2007), *Grundwerk C. G. jung Bd. 1 Grundfragen zur Praxis*, 『융 기본 저작집 1권-정신요법의 기본문제』, 솔 출판사.

Jung, C. G., 한국융연구원 융저작번역위원회 역(2015), *Grundwerk C. G. jung Bd. 5*, 『융 기본 저작집 5권-연금술에서 본 구원의 관념』, 솔 출판사.

Jung, C. G., 한국융연구원 융저작번역위원회 역(2015), *Grundwerk C. G. jung Bd. 6*, 『융 기본 저작집 6권-연금술에서 본 구원의 관념』, 솔 출판사.

Jung, C. G.,&Willhelm, R., 이유경 역(2014), 『황금 꽃의 비밀』, 문학 동네(Orginal Work published 1981).

Jung, E., 박해순 역(1995), *Animus and Anima*, 『아니무스와 아니마(내재하는 이

성)』, 동문선(Orginal Work published 1957).

Kalff, D. M.(1980), *Sandplay; A psychotherpeutic approcah to the psyche*, Sigo Press.

Kalff, D. M.(1988), *Sandplay in Switzerland: intensive training*, Switzerland.

Kalff, D. M.(2003), *Sandplay: A psychotherpeutic approcah to the psyche*, CA: Temenos Press(Orginal Work published 1980).

Kalff, D. M.(2003), *Sandplay: A psychotherpeutic approcah to the psyche*, Temenos Press(Orginal Work published 1980).

Kalff, D. M., 이보섭 역(2012), *Sein therapeutische Wirkung auf die Psyche: Mit einem Nachwort von Martin Kalff*, 『도라 칼프의 모래놀이: 융 심리학적 치유법』, 학지사(Orginal Work published 2000).

Lois J. Carey, 이정숙 · 고인숙 역(2002), *Sandplay Therapy with Children and Families*, 『융의 모래놀 이치료』, 하나의학사(Orginal Work published 1999).

Lowenfeld, M.(1935/1967), *Play in childhood*, Wilwy.

Mack, W. N. and Leistikow, E. A.(1996), Sands of the world, *Scientific American*, August, pp.62~67.

Malchiodi, C. A., 최재영 역(2008), 『미술치료』, 서울하우스.

Mitchell, R. R.(2012), *Alchemy embodied in sandplay*, 제11회 한국 모래놀이치료 학회 국제학술대회.

Mitchell, R. R.,&Fridman, H. S.(1994). *Sandplay past, Present and future*, Routledge.

Neumann, E.(1988). *The Child Structure and Dynamics of Nascent Personality*, Kanac Books(Orginal Work published 1973).

Paulo Coelho, 최성수 역(2002), *Alchemist*, 『연금술사』, 문학동네(Orginal Work published 1987).

Samuels A., Shorter B.,&Plaut F.(1986), *A Critical Dictionary of Jungian Analysis*,

Routledge.

Sanford, J. A., 심상영 역(2010), *Healing and Wholeness*, 『융 심리학과 치유』, 한국심층심리연구소(Orginal Work published 1977).

Seligman, M. E. P., Rashid, T.,&Parks, A. C.(2006), *Positive psychotherapy*, *American Psychologist 61*, pp.774~788.

Steinhardt, Lenore, 김옥경 역(2010). *Foundation and Form in Sandplay*, 『미술치료 관점에서 본 융의 모래놀이치료』, 학지사(Orginal Work published 2000).

Turner, B. A., 김태련 외 역(2009), *The handbook of Sandplay Therapy*, 『모래놀이치료 핸드북』, 학지사(Orginal Work published 2005).

von Franz, M.-1.(1989), *Alchimie et imagination Active*, Eition Jacqueline Renard.

Willhite, R. G,&Cole, M. D.(1993), *The Family Game of Anger: Breaking the Cycle*, Keyes Publishing.

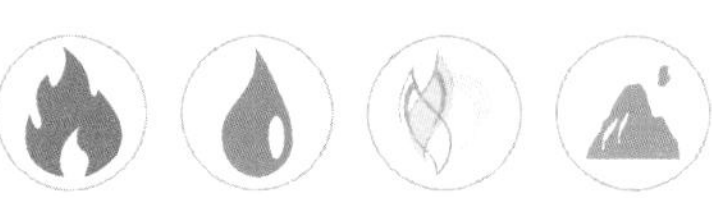

S a n d p l a y   T h e r a p y